Nature numérique de l'homme

Aux frontières entre organique et numérique

Nature numérique de l'homme

Copyright © 2021 Perez Charles

Tous droits réservés.

ISBN: 9798731120647

Du même auteur

Learning by doing. *Un monde de données : Initiation sans prérequis au domaine de la donnée* de Charles Perez et Karina Sokolova, 2020.

Learning by doing, *Réussir son mémoire : Le guide pratique dédié aux étudiants en gestion* de Karina Sokolova et Charles Perez, 2020.

Learning by doing, *Un monde en réseau : Initiation par la pratique à la théorie des graphes* de Charles Perez et Karina Sokolova, 2020.

100 fiches pour comprendre le digital (2nd édition), Bréal, Vincent Dutot & Charles Perez, 2019.

La cybersécurité, Édition Studyrama, Charles Perez et Karina Sokolova, 2018.

Prison Numérique, L'Harmattan, Charles Perez et Karina Sokolova, 2020.

Dédicace

    Les oiseaux chantent sous les fenêtres de la mort. Faudrait-il les faire taire pour respecter la mort, ou les laisser chanter pour respecter la vie ?
    Les oiseaux chantent sous les fenêtres de la mort. J'aurais pourtant souhaité qu'ils chantent ailleurs ce matin là. Qu'ils ne soient pas sous les fenêtres de ma mère. Celle qui m'a porté doit désormais s'éteindre. Une tragédie s'écrit. Bien loin des histoires passées, que restera-t-il ? Ses souvenirs vont s'évanouir et ne resteront que les miens.
    Il restera aussi les murs, les choses, les objets, immuables. Ils sont d'une cruauté à vous faire oublier le manque. Ils vous rappellent sans cesse les images fragiles d'un passé déchu. Ils ont cette prétention de faire comme si rien ne s'était passé, comme si rien n'était du passé.
    De toute sa vie, les gens semblent désormais se moquer. De ce qui a fait mon monde, ils ne se soucient plus. Dépassé, une part de mon univers s'est écroulée mais un nouveau jour revient malgré tout. Alors, je n'ai plus rien d'autre à faire que d'écouter. Écouter les oiseaux chanter. Ils me rappelleront toujours l'amour que ma mère avait pour eux. L'amour que j'avais pour ma mère.

Je dédie cet ouvrage

À ma mère,
Et aux oiseaux.

Nature numérique de l'homme

Préface

Une préface n'est surtout pas faite pour résumer un livre. Comme tous les bons auteurs, Charles Perez ne manque pas, tant dans la quatrième de couverture que ponctuellement, de rassembler son propos. Je ne ferais que très maladroitement un exercice pédagogique que l'auteur réalise fort bien à la fin de chaque section. Je souligne, bien que n'étant pas un scientifique des multiples domaines maitrisés dans ce livre, l'érudition précise et ample dont il témoigne. À travers l'enquête sur les recherches, les théories, les réalisations, les innovations, les créations de ce qu'on peut condenser dans l'expression de technologies digitales, l'auteur est en quête de ce qu'est l'humain. Au fil des cinquante-cinq chapitres, répartis en quatre sections, chacun courts et dont la lecture permet ainsi de soutenir l'attention, Charles Perez nous fait traverser, souvent à l'aide d'auteurs ou de mythes de l'Antiquité, des problèmes comme l'ordre et le désordre, le langage et les mots, l'espace et le temps, le mouvement et le changement, la connaissance et l'ignorance, les arts et la création. Aussi techniques que soient les exposés, avec une multitude de concepts ou de terminologies qui peuvent perdre le lecteur non initié, on voit la profondeur philosophique de l'ouvrage.
Ce qui a retenu le plus mon intérêt, et qui n'est pas très fréquent chez les nombreux auteurs qui nous parlent des bouleversements que les sciences, surtout dans leur conjonction, produisent dans toutes nos représentations établies ou traditionnelles, c'est le fait que nous sommes entrés dans une nouvelle ère où il n'y a plus l'humain et sa culture face à la nature, mais une hybridation. Le vivant peut être ou devenir technologique, et inversement, comme l'humain forme avec les autres vivants de nouvelles unités et de nouveaux contrats. Cette

entrée dans une histoire dont on ne saurait rien prévoir, par ce fait même que nous ne savons pas où nous allons réfute le transhumanisme qui prétend conduire le destin des humains vers une transformation qui peut aller jusqu'à l'immortalité. J'ai toute ma vie fréquenté les personnes dites handicapées et étudié leur histoire, et je sais combien les technologies peuvent réduire leurs déficiences et augmenter leurs capacités. La figure d'Oscar Pistorius, avant qu'il ne devienne assassin, est emblématique et symbolique. Mais j'ai appris que la force ne peut se concevoir que dans son rapport à la faiblesse. L'extrême de la force se retourne en faiblesse comme l'extrême de la faiblesse peut aboutir à une forme de tyrannie. Il n'y a d'humain que fait de dépassement et de limite. Si l'on veut nier toute limite, à commencer par celle de la mort, on ruine ce à quoi on ne saurait renoncer : la liberté. La fausse promesse du transhumanisme, à ne pas confondre avec ce qu'on pourrait nommer le post- ou le dis-humanisme - car une forme de l'humanisme classique a sans doute fait son temps- entrainerait, sous prétexte de science, à des formes d'un nouveau totalitarisme. Charles Perez, en finale, nous ramène à la simplicité de son jardin. Il faut revenir sur terre, dans toutes ses nouvelles compositions, pour qu'elle reste notre terre.

Henri-Jacques Stiker
Philosophe, anthropologue

« L'histoire d'aujourd'hui voit déjà percer dans un avenir plus ou moins proche toutes les séductions de l'intelligence artificielle et de ce transhumanisme désormais à l'ordre du jour. Ce qui, pour le meilleur et pour le pire, dominera cette époque future encore plus que la nôtre, c'est la science. »

Jean d'Ormesson
Un hosanna sans fin

Nature numérique de l'homme

Préambule

Les technologies numériques réécrivent notre histoire, notre société, notre avenir et certainement un jour elles réécriront la vie. Une vie qui trouve sa voie sans trop de contraintes dans les deux univers (numérique et organique) avec une telle facilité et rapidité qu'il m'a semblé important d'en écrire au moins partiellement son chemin, son impact. En parcourant les deux espaces et espèces de progrès, j'ai été surpris, émerveillé et inquiet. Le niveau de fascination que l'on peut porter à l'univers est proportionnel à son niveau d'improbabilité. Dans cet espace improbable, l'homme nous a offert un savoir qui se transcende depuis quelques dizaines d'années. La physique (quantique notamment), le génie génétique, l'informatique, la robotique, l'intelligence artificielle sont des vecteurs de progrès exceptionnels.

La vie se digitalise à l'image du Caenorhabditis Elegans, un petit ver dont on maitrise désormais totalement la complexité du réseau de neurones (le connectome) et que l'on peut simuler intégralement sur ordinateur. De l'activation neuronale au comportement, on connait presque tout de cette petite forme de vie d'à peine plus d'un millimètre. L'organique se connecte au digital avec ou sans fil, mais toujours en ouvrant de nouvelles pistes.

Des hommes contrôlent des insectes avec des impulsions électriques pour les faire courir dans la direction de leur souhait.

Des hommes réécrivent les codes génétiques de la vie pour la simplifier, l'arranger ou la synthétiser. D'autres travaillent pour créer une intelligence artificielle générale capable au moins de nous égaler.

Des hommes créent de nouveaux arts et de nouvelles œuvres, s'appuyant sur les algorithmes, la nature, les mathématiques. Une nature qui nous souffle même des partitions. Et des bactéries génétiquement modifiées récitent nos poèmes.

Enfin, des hommes luttent contre une maladie bien connue qu'est la vieillesse. D'autres ont des rêves d'immortalité.

Le grand livre de la nature ne nous a jamais révélé autant de secrets et de mystères. Les technologies et les sciences nous ont offert une nouvelle manière de le lire, de s'en inspirer. Nous observons même une volonté d'écrire nos histoires, notre histoire dans de nouvelles pages de ce livre.

Il était déjà inimaginable et incompréhensible que nos sciences s'inspirent, s'alimentent et représentent aussi bien les reflets de la nature, de la réalité et de notre univers. Il est encore plus surprenant d'observer aujourd'hui l'homme jouer de ce nouveau pouvoir de connaissance et de technicité ; au point de lui permettre de rejouer certains scénarios, de renverser certains effets de la nature, et de se surpasser dans de nombreux domaines ; au point de créer des machines qui le dépassent et peut-être même un jour des technologies qui lui permettront de se délester de son corps pour changer d'enveloppe.

Cette fiction, mais aussi, cette nouvelle réalité, se perçoit de plus en plus. Nous avons le devoir de la mesurer, de la contrôler et de (la) protéger (de) ce que nous sommes. Nous avons, peu à peu, derrière et avec une machine, fait évoluer tant de nous. Cette nouvelle réalité se perçoit et nous offre un mystère qui doit s'apprendre et se comprendre. Une réalité nouvelle qui met en cause nombre de nos croyances et de nos certitudes. Elles façonnent différemment nos objets, nos histoires et notre perception de la vérité. Pour l'illustrer, nous traiterons de l'art, de la nature, du savoir et de la mort ; des facettes auxquelles l'homme s'est toujours attaché comme à des repères, des étoiles, ou même un guide spirituel ; des facettes qui se meuvent et s'émeuvent, qui paraissent et qui disparaissent.

Cet ouvrage présente les contours de ce qui ressemble à la direction prise par les humains vers une nature digitale observée et inspirée des créations récentes et atypiques. Une nature numérique inspirée des limites récemment dépassées. Nous nous interrogerons sur la place de l'homme et sur notre devenir commun. Une incitation à penser l'avenir et à le philosopher dans un seul but, construire un futur compatible avec notre humanisme.

Ce roman non fictif investigue la place de l'homme face à la nature, à l'univers, à son destin. Il approfondit ce regard dans le rapport de l'homme au savoir et à la création. Il avance jusqu'à notre fin programmée. Tout au long de cette histoire, nous investiguerons la place de la technologie et de la machine. Elles sont venues bouleverser nos piliers datant de millénaires d'évolutions, tout en s'inspirant de l'œuvre naturelle. Où allons-nous ? Qui sommes-nous ? Qu'allons-nous devenir ? Quel est cet étrange pouvoir qui vient d'entrer dans les mains de l'homme ?

Introduction

L'homme est arrivé à un point crucial de son développement, de son histoire. Il occupe une place à la fois anecdotique dans l'univers, mais aussi l'une des plus fascinantes et uniques. D'un univers de près de 13,8 milliards d'années à un être humain (*homo sapiens*) apparu il y a seulement 300 000 ans. L'homme est le résultat le plus chanceux et improbable d'une organisation de la matière et de l'effet du temps. Une organisation qui a permis la vie, d'une forme primaire jusqu'à une forme sophistiquée et intelligente.

À ce stade de notre développement, il est impossible d'ignorer l'impact des technologies qui sont dans nos mains. En 2012 déjà, la CIA (agence centrale de renseignement) et le Conseil national du renseignement présentent une vision du monde pour 2035[1]. Le paysage proposé est largement empreint d'une tendance transhumaniste. L'homme y est imaginé comme amélioré par de plus en plus d'artéfacts, de prothèses et de capteurs en tout genre. Des implants cérébraux sont envisagés. L'homme technologique pourrait alors évoluer de manière considérable dans les prochaines décennies.

Notons prudemment que si cette technologie nous a permis de nous élever, elle nous a quelquefois réduit[2], au point même de nous rendre esclaves. Si l'homme a toujours été prisonnier du temps, il est aujourd'hui en position antagoniste de force et de faiblesse. Fragilisé par des outils qui dépassent sa mesure, fragilisé par une urgence climatique, fragilisé par la dernière crise sanitaire.

---

[1] Adrien Jaulmes, Gregory F. Treverton, Le monde en 2035 vu par la CIA et le Conseil national du renseignement : le paradoxe du progrès, 2018.
[2] Charles Perez, Prison numérique, Questions Contemporaines, L'Harmattan, 2020.

Face à un constat catastrophiste emporté par une modification presque irréversible de la biosphère, de la planète, et face à la capacité à s'autodétruire, les technologies sont aussi une porte de sortie et une source de changement vers notre propre humanité.

Le neuroscientifique et fondateur de *DeepMind Technologies Limited* en 2010 (vendu à Google en 2014), Demis Hassabis affirme que sans l'émergence de technologies de rupture, l'homme aurait certainement beaucoup d'inquiétudes à se faire sur son propre avenir. L'intelligence artificielle (capacité de la machine à reproduire des traits de l'intelligence humaine) porte en particulier cet espoir. Nous comprenons alors pourquoi Rico Malvar, le directeur scientifique du laboratoire de Microsoft, a comparé l'avènement de l'intelligence artificielle à celle de l'électricité. Une ressource dont la machine et l'homme sont tous deux dépendants.

D'autres spécialistes vont plus loin et stipulent une rupture possiblement aussi forte que celle portée par l'écriture. Dans cette lignée des superlatifs, le président actuel de Google, Sundar Pichai, compare l'importance de l'intelligence artificielle avec celle de la découverte et de la domestication du feu[3]. Le symbole est fort. Le feu est à l'origine de l'avancée significative de l'homme, il est la promesse de pouvoir apporter une alimentation riche et variée, la promesse de la chaleur et celle de pouvoir créer des outils, et plus tard des machines. Un feu qui, dans de nombreuses mythologies, aurait été obtenu par l'homme en le dérobant aux dieux. Dans la mythologie grecque, Prométhée (Προμηθεύς) dérobe discrètement le feu céleste. Feu qu'il obtiendra en dissimulant une torche allumée au soleil, et cachée sous un boisseau de fenouil (Figure 1). Le feu de l'intelligence artificielle portera-t-il lui aussi une nouvelle phase de notre civilisation ? Un feu dérobé aux dieux ou par des hommes qui se rapprochent et se prennent pour des dieux ? Gardons en tête que ce feu volé conduisit à un supplice. Prométhée fut trainé par Zeus (Ζεύς) jusqu'aux montagnes du Caucase et fut enchainé à un rocher, là où chaque jour son foie sera mangé par un aigle, là où chaque jour son foie

---

[3] Google CEO Sundar Pichai compares impact of AI to electricity and fire, Lauren Goode, The Verge, Janvier, 2018. https://www.theverge.com/2018/1/19/16911354/google-ceo-sundar-pichai-ai-artificial-intelligence-fire-electricity-jobs-cancer

repoussera à nouveau[4]. L'histoire permet à Prométhée de survivre grâce au sauveur Héraclès.

Figure 1 : Œuvre de Heinrich Friedrich Füger « Prométhée fait présent du feu à l'humanité », 1817.

Aurons-nous droit à un tel sauvetage dans notre quête ? En posant les bases d'une intelligence et bientôt peut-être de la conscience dans les machines, l'homme n'est-il pas en train de toucher à quelque chose de divin et de

---

[4] La mythologie nous indique que le vol du feu n'est pas l'unique raison du supplice de Prométhée.

destructeur ?

Nous observons les signes et la promesse d'une ère nouvelle portée par les convergences des technologies et des avancées dans des domaines variés, au point même de repenser la nature de l'homme qui évolue désormais dans un espace que l'on peut qualifier d'hybride. Milad Doueihi mentionne l'hybridation « de notre espace habitable, de nos modes de communication et de nos modes identitaires »[5]. Hybridation portée par l'intelligence artificielle, le web, l'internet des objets, l'informatique en nuage (*cloud*), les données en masse (*big data*), la robotique, les drones, le génie génétique, les nanotechnologies et les biotechnologies. Une évolution de notre espèce qui était déjà mise en évidence en 1960 par le philosophe Herbert Marshall McLuhan[6] au regard de l'impact des médias et des technologies. Il nous explique ce changement : « Pendant les âges mécaniques, nous avions étendu nos corps dans l'espace. Aujourd'hui, après plus d'un siècle de technologie électrique, nous avons étendu notre système nerveux central dans une étreinte mondiale, en abolissant à la fois l'espace et le temps en ce qui concerne notre planète. Rapidement, nous abordons la phase finale des extensions de l'homme – la simulation technologique de la conscience, lorsque le processus créateur de connaissance sera collectivement et corporativement étendu à l'ensemble de la société humaine, tout comme nous avons déjà étendu nos sens et nos nerfs par les différents médias. »

L'homme a certainement un avenir hybride de sa chair et de son être mêlant ce qu'il a toujours été au XXIème siècle : un être organique avec des technologies numériques. Nous avançons désormais vers une ère où physique et digital ne se distingueront plus. Nous envisageons une révolution anthropologique majeure et souvent avec espérance une société intelligente, même si l'incertitude demeure.

Notre existence serait vouée à voir converger la nature organique avec la nature numérique, redéfinissant ainsi les contours de la nouvelle nature

---

[5] Milad Doueihi, Pour un humanisme numérique, Seuil, 2011.
[6] McLuhan Marshall. Understanding Media: The Extensions of Man. 2nd edition. Abingdon: Routledge, 2005 (première publication en 1964).

numérique de l'homme.

Bits, Atomes, Neurones et Gènes

BANG !

Nous faisons référence à l'expression *Little Bang* par opposition au *Big Bang*, celui de la création de l'univers. Cet évènement cosmique qui vit un minuscule point d'une densité et d'une chaleur gigantesque devenir à lui seul la cause de notre univers tout entier. Demain, les interfaces personne-machine, le *phygital*, la réalité virtuelle ou alternative, l'intelligence artificielle générale jusqu'à la poussière intelligente pourraient venir bouleverser nos coutumes vieilles de centaines de milliers d'années. Nous avançons vers un nouveau bang, symbole d'une nouvelle création, d'un nouveau départ.

Électricité, Écriture, Feu, Big Bang.

Vous l'aurez compris, cette vie digitale suit les traces de notre évolution. Elle dépasse peu à peu les frontières qui se tenaient devant elle. L'homme réécrit son histoire au travers des technologies. Les comparatifs sont forts, presque aussi grands que notre ambition.

De nombreux scientifiques ont la même sensation, celle d'appartenir à une génération pivot et au pied d'évolutions gigantesques. Les signaux nous alertent, les progrès l'indiquent, des avancées fulgurantes vont s'offrir aux générations futures. La critique littéraire Nancy Katherine Hayles a marqué les esprits dès 1999 en affirmant que l'homme avait d'une certaine manière déjà fusionné avec la technologie. Elle souligne que toutes les formes actuelles de technologies sont tellement omniprésentes qu'elles agissent sur nous comme un reflet de l'image de nos actions sur elles[7]. Nous sommes au pied du mur. Un mur de progrès ou un mur de prison ; nous ne le savons pas. Si l'avenir n'a cessé d'être incertain au cours de l'histoire, le nôtre semble porter encore plus d'incertitudes. Nous n'avions pas envisagé l'homme sur la lune ni un cheval rempli d'hommes dans Troie. Nous ne voulions pas croire

---

[7] Nancy Katherine Hayles, How We Became Posthuman: Virtual Bodies in Cybernetics, Literature, and Informatics, 1999.

que certains hommes de couleur étaient égaux aux autres. Nous avons connu nombre de civilisations qui n'ont eu de cesse de se construire, puis de s'effondrer, comme un renouvèlement et une éternelle répétition de nos œuvres et de nos erreurs. Jusqu'ici, celui qui maitrisait le passé disposait d'un regard plus juste sur l'avenir.

>   Avant qu'un homme ne décode le code de la vie.
>   Avant qu'un autre crée une cellule artificielle.
>   Avant que l'on ne s'amuse à faire revivre une espèce disparue.
>   Avant que l'on ne rallonge les extrémités de nos télomères pour gagner un peu de vie.
>   Avant que l'on imagine et réalise des ordinateurs quantiques capables de calculer à l'échelle de la particule.
>   Avant que l'on comprenne que l'information de la matière peut se transmettre de manière instantanée à deux endroits de l'espace.
>   Avant que l'on ne crée des machines pensantes et que l'on commence à vouloir leur donner une conscience.

Aujourd'hui, tout semble possible et plus que jamais. En même temps que nos progrès bousculent notre route, nous n'avons jamais été autant incertains de notre avenir.

L'homme est fort de tous ses progrès, de toutes ses découvertes, de tous ses exploits. Il en est bien évidemment d'autant plus fragile. Un surhumain peut vite tomber, la mythologie nous en a offert de nombreux exemples. Une vie d'immortalité pourrait s'avérer bien plus sèche et angoissante qu'une simple vie de mortel. Le don offert à Midas (Μίδας), celui de transformer tout ce qu'il touchait en or, s'est transformé en un handicap qui aurait pu lui être fatal. Le mythe nous informe que « Midas fut entouré d'or : les vases, les tables et les chaises, mais aussi les arbres et les fruits… tout se transformait, tout avait la même couleur, le même toucher. Midas ne pouvait plus gouter aux aliments, il ne pouvait plus étancher sa soif. Désespéré, Midas supplia Dionysos (Διώνυσος) de lui retirer ce don. Alors le dieu ordonna au roi de plonger dans le fleuve Pactole, et l'étrange pouvoir de Midas disparut. Mais, depuis, l'eau du Pactole est chargée d'une multitude de paillettes d'or. »

Dans cette ambition folle et tant que nous n'avons pas de revers, les inquiétudes font plutôt face à la fascination. Quelle chance nous avons de vivre à cette époque ! Quel bonheur de comprendre autant, et d'avoir tant d'ambitions ! Des millénaires à travailler dans un monde de bon sens à l'échelle plutôt banale de l'homme, sans miniature, sans gigantisme. L'homme s'est désormais offert la connaissance du petit, et même du très petit. Il s'est offert la connaissance du grand et du lointain, et même du très grand et de l'infiniment loin. Nous avons cessé de rêver avec des objets de tous les jours à des désirs de tous les jours. Nous nous sommes offert une route vers la sagesse (ou la démence) d'une connaissance plus universelle. Elle inspire tous les hommes, les plus grands comme les plus humbles. Nous continuons de vouloir, nous continuons d'espérer, mais à des échelles sans mesures.

L'homme a presque le pouvoir de réécrire l'homme, de le réinventer, et la technologie y est déjà pour beaucoup. Cet instant de l'histoire de l'humanité, on le pressent unique. Avant cette explosion attendue de savoir, de changements, de rêves, de réalité, il inspire chaque jour les apprenants, les vivants, les artistes et les immortels.

Nous engageons dans cet ouvrage une quête des dimensions relatives à ce que nous appellerons la nature numérique de l'homme. Cette nature peut se percevoir au travers du savoir, de l'art, de la vie et de l'adieu, au travers de petites histoires de ce qui fait en partie notre grande histoire[8]. Cette histoire universelle nous offre un regard transdisciplinaire de l'humanité, une histoire pour laquelle nous avons encore une partie de notre destin entre nos mains, un destin que chacun de nous peut encore écrire.

Nous commençons notre exploration sur la question inépuisable du savoir et de sa relation au temps. Une question qui, là encore, doit s'appréhender avec une dimension technologique.

---

[8] Cynthia Stokes Brown, The Meaning of Big History, Philosophically Speaking, Dominican University of California, 2016.

Le temps passe, le savoir perdure

Où il est question du savoir et de sa relation avec le temps et la technologie. Nous y traitons de ce qui résume l'essentiel et de sa conservation.

« Les équations sont plus importantes pour moi, car la politique est pour le présent, mais une équation est pour l'éternité. »
Albert Einstein

Nature numérique de l'homme

CHAPITRE PREMIER
Le paradoxe du temps et de l'instabilité
Où l'auteur dessine un visage de mots dans le paradoxe du temps.

Je suis
Le paradoxe du temps
J'ignore ce qui m'a fait ici
Et ce que je fais ici, je l'ignore
Creusant la terre, je remonte le temps
Regardant le ciel, je remonte le temps
Ouvrant un arbre, je remonte le temps
Éclosant les yeux, les photons ont vieilli
Si tout dans ce monde semble être passé
Que saisir d'un présent déjà cueilli
À peine écrit, aussitôt lu
Ce vers appartient au passé
Que jamais pourtant je ne remonterai
À quoi ressemblons-nous ? Les mots m'engagent
Quand les données m'encodent, elles me dévisagent
Et leur mémoire rend au présent les souvenirs passés

L'homme est enfermé dans un paradoxe du temps où il semble malgré lui appartenir à un présent qui ne lui offre que des images furtives du passé. Le souvenir lui ouvre une porte vers ce dernier et un espoir d'avenir. Il règne ainsi au milieu de ce présent en constant mouvement. Un symbole d'instabilité porté par un environnement changeant, mais aussi par sa propre évolution. Cet être changeant par nature est au reflet d'un monde qui se modifie autour de lui et à chaque instant. Entraîné à son insu dans le mouvement de cette barque pas toujours sacrée de la vie, au fil du temps, il observe un paysage volatile. Son reflet dans l'eau, l'air, le feu et la terre le fera évoluer. Son trajet constitue l'expérience qui grandit en lui. Au point même, par moment, que des pensées s'établissent comme des convictions et des vécus comme souvenirs.

Les technologies auraient un pouvoir surprenant. Elles iraient jusqu'à créer des souvenirs que nous n'avons pas connus. Des souvenirs vécus par procuration au travers des images que nous consultons sur les appareils qui nous accompagnent. Des souvenirs qui ne font pas partie de notre histoire.

L'homme fluctue en permanence au milieu de croyances et d'idées qui se créées et s'effacent, sans pour autant sombrer, au milieu d'un monde qui se fait et se défait, et qui surtout nous dépasse. De ces cellules qui se meurent, se créent et se multiplient et qui se comptent en milliards dans notre organisme en constante organisation. De ces milliards de pixels qui changent nos perceptions, de ces innombrables idées posées sur peu de choses et souvent un peu sur tout. De ces mots lus, de ces mots prononcés, entendus, de ces images perçues, mémorisées et souvent oubliées. Ce que nous sommes s'ancre dans un perpétuel mouvement, dans un monde en perpétuelle révolution, porté par les astres, les planètes, les autres et par son miroir. Des hommes instables, dans une instabilité quasi permanente et à toutes les échelles. L'univers dicte cette instabilité derrière une apparence grossièrement stable. Tout tourne, tout bouge et la matière se promène dans un mouvement et un échange d'énergie, dans une multitude de référentiels, et quelques dimensions spatiales et temporelles ; spatiotemporelles, nous a-t-on appris. À toutes les échelles, on vibre, on se choque, on interagit, on disparait et on apparait, on vit et on meurt, on croît et on s'effondre.

Conséquence de cette instabilité pourtant si stable, l'homme, ses émotions et ses décisions peuvent s'évanouir ou se créer sous l'effet d'une réalité anecdotique. Le psychologue et prix Nobel d'économie, Daniel Kahneman avait mis en évidence l'une de nos multiples failles – une information nouvelle peut faire basculer une position acquise et changer une décision, une croyance et certainement un avenir en un rien de temps[9]. En ce sens, une partie de ce qui constitue l'homme est et restera inconsistante, tandis que la science nous en offre un semblant de consistance, précisément et souvent derrière un inconnu cognitif et loin d'être matérialiste.

Les sciences, moles ou dures, s'assouplissent dans les mains de l'homme. Si le philosophe grec Héraclite se plaisait à dire que personne ne se baigne deux fois dans le même fleuve, les bras asséchés du Nil nous rappellent que le fleuve ne se couche plus toujours dans le même lit. L'homme ne se baignera jamais deux fois dans la même réalité ni dans un même esprit, ni dans le même temps, le même présent. Plus justement, on devrait lire : l'homme ne se baigne jamais deux fois dans le même conscient, dans la même information. Il ne se promènera jamais deux fois avec le même homme. L'esprit du fleuve Amazone sort parfois de son lit pour nous offrir des images étonnantes. Sous certaines conditions climatiques, des nuages se forment au-dessus de son lit. Ces nuages dessinent une rivière aérienne parallèle qui suit le cours du fleuve. Une partie d'elle semble alors s'élever vers les cieux. C'est un chemin que pourrait suivre l'homme numérique.

---

[9] Daniel Kahneman, Système 1 / Système 2 : Les deux vitesses de la pensée, 2011.

Nature numérique de l'homme

CHAPITRE II
Traverser le temps comme d'autres traversent l'espace
Où l'homme peut s'inspirer d'une poussière de sable et d'une particule.

Deux éléments si petits qu'une poussière de sable et une particule peuvent transmettre à l'homme un rêve, celui de traverser l'espace et le temps.

La Terre a vu des grains de sable voler au-dessus des océans. Sans métaphore, des poussières de sable du désert du Sahara traversent régulièrement une partie de l'océan Atlantique. Les marins sont les premiers témoins de cette brume aux couleurs de grêles, gris, jaunâtre ou même rougeâtre. Elle peut apparaitre au milieu d'un océan ensoleillé. Ces brumes de sable ont généré sur la côte du Cap Vert, à plusieurs endroits de l'ile, des plages d'un sable clair. Du sable rouge et or sur une ile volcanique qui ne devrait être entourée que de plages de sable noir. Une épopée à peine croyable, sous l'effet du vent, un chemin est rendu possible entre deux côtes séparées de près de 600 kilomètres.

Nous découvrons une description de ce phénomène dans un vieil article du géographe Camille Vallaux publié dans les annales de géographie en 1930[10]. « Ces brumes résultent surtout de poussières et de sables fins du désert qui viennent des côtes voisines du continent entre le cap Juby et le cap Vert là où les sables sahariens peuvent aller à la mer sans interposition de crêtes montagneuses. Les brumes de poussières interceptent souvent la vue à une distance de 2 milles ; les plus épaisses, qui, par ciel sans nuages, ne laissent voir le soleil de midi, que comme un disque rouge, sont accompagnées ou suivies de chutes de poussières qui couvrent le pont des bateaux d'une fine

---

[10] C. Vallaux, Les brumes et les poussières aériennes dans la zone des îles du Cap-Vert, Annales de géographie, 1930.

couche rouge. […] Ce sont les courants de hauteur (de 1000 à 2000 mètres) qui les transportent, les courants à fleur de sol ayant plutôt le caractère d'une mousson d'est en ouest. Au commencement et au fort de l'été, les brumes et les chutes de poussière diminuent, sans jamais disparaitre entièrement. »

Les satellites nous offrent désormais la preuve de cette épopée (Figure 2). Un symbole qui nous laisse croire au pouvoir seul du vent et de la légèreté.

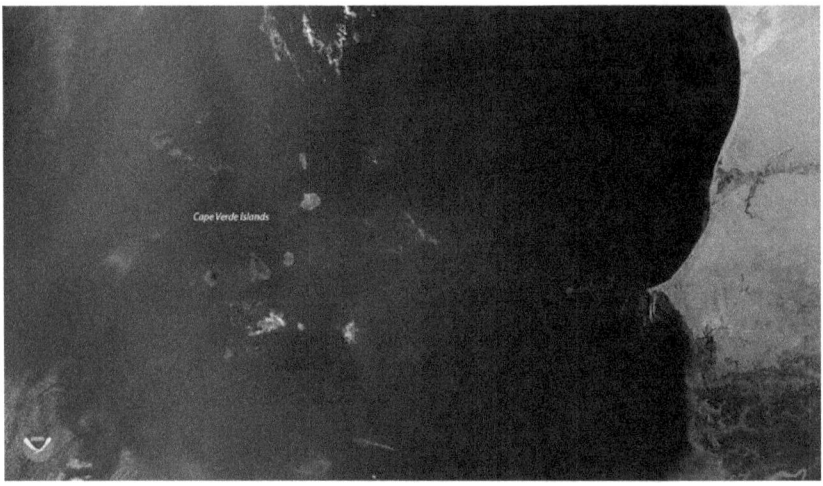

Figure 2 : Le 9 décembre 2018, image capturée par l'instrument VIIRS de la NOAA-20 qui balaye la Terre deux fois par jour à une résolution de 750 mètres. Crédit NOAA.

Une autre aventure traverse l'espace, celle de l'information portée par des particules quantiques intriquées ou dites jumelles. Pour la comprendre, il faut observer le cœur de la matière, l'infiniment petit. Quand bien même deux particules jumelles (par exemple des photons) sont séparées de plusieurs kilomètres, si l'une est modifiée, l'autre se modifie instantanément dans un état dépendant. L'information semble téléportée dans l'espace sans véritable support. On dit de ces particules qu'elles forment un système lié. Lié certes, mais bien indépendant de leurs positions dans l'espace. Ce phénomène promet l'avenir des communications. Il a été expérimenté en 2007 avec des photons jumeaux situés dans les îles Canaries. Ils furent séparés entre La Palma et Tenerife. L'information quantique portée par les photons a alors parcouru 144 kilomètres instantanément.

Depuis, un satellite chinois a été en mesure de transmettre des photons intriqués sur Terre à une distance de plus de 1000 kilomètres. Un record absolu et certainement aussi une promesse d'avoir un jour un internet quantique. À court terme, on imagine une cryptographie quantique permettant l'échange de clés de chiffrement, par extension de messages, de manière totalement sécurisée. Cette brique permettant de garder le secret de nos télécommunications numériques deviendrait incassable[11].

Le public évoque le terme de téléportation quantique et plus justement d'intrication quantique, car il n'y a point de transport de matière. Cette propriété au cœur de l'infiniment petit est source de réflexion sur le sens même de notre univers, de la matière et de la réalité. L'intrication quantique serait-elle l'ultime ressource naturelle ? Si l'on a tout dit de l'intelligence artificielle, on compare l'intrication quantique au fer de notre vieil âge de bronze.

Pour traverser le temps, traverser les âges, les possibles sont limités et les exemples le sont aussi. L'homme est jeté dans un claquement de temps, il n'y résiste pas. Notre planète tient un destin plus qu'incertain entre ses mains et notre univers est peut-être le seul qui n'en ait pas trop à s'en faire.

L'homme est prisonnier d'un espace-temps plus que réduit. Pourtant, c'est bien ce référentiel qui lui permet d'ouvrir les yeux et de découvrir les plus belles choses du monde. Souvent, il s'agit de semblables prisonniers inconscients de leur sort : les animaux, les végétaux et autres futurs vestiges, jusqu'à l'horizon des évènements.

Tombé au milieu de tout ce qui nous semble être. Que ce soit par erreur ou par hasard ? Quelquefois par une suite de conséquences dont les logiques ne nous sont pas trop mal maitrisées. Pour beaucoup d'autres, par une raison d'être si complexe et incompréhensible que tout cela nous parait le plus

---

[11] Ross Donaldson, Gerald Buller, and Alessandro Fedrizzi Satellite-based quantum communications (Conference Presentation), Proc. SPIE 11134, Quantum Communications and Quantum Imaging XVII, 2019.

simplement du monde épatant. Cet espace et ce temps nous dépassent autant qu'ils nous portent. Quelles sont les questions qui importent ? Notre avenir, notre devenir. Quelles que soient les interrogations, elles sont portées par une connaissance si réduite, depuis un instant du temps si présent et un point de l'espace qui font que tout nous dépasse. La seule question sera : pourquoi avons-nous une existence si courte et limitée par un corps qui s'inscrit si fort dans ce temps et cet espace ? Pourquoi cette forme fortuite de vie humaine ? Quel est son sens premier ? La ramener simplement à l'homme, à elle-même, semble un piège de simplisme à éviter. Ce que j'en ai compris est simple.

> Tout me dépasse, et le temps passe.
> Peu importe où je suis, l'espace me fuit.

Dans l'histoire de l'humanité, avec ou sans volonté primaire, la création de l'homme est un objet qui défie a minima le temps et l'espace. Cette possibilité est offerte par le langage, le savoir, nos histoires et nos mythes. Certaines de nos créations tiennent le temps d'un souffle sans trop souffrir. Ces images ont permis de contempler des statues de César, des portraits d'inconnus, des masques en Alaska, des peintures à Malaga, des vases en Grèce, tout un ensemble d'Arcs de Triomphe et même des statuettes en ivoire du paléolithique. Certains autoportraits eux aussi n'ont pas trop mal survécu et nos musées les accompagnent dans ce voyage.

Les anthropologues savent à quel point l'homme sait se faire oublier du temps pour en faire survivre ses créations et ses histoires. Les bhopas du Rajasthan ont démontré une faculté incroyable à se rappeler et à réciter des poèmes longs de milliers de lignes. L'historien William Dalrymple a longtemps étudié ce phénomène[12]. Les mythes et légendes parviennent sans trop de modifications à traverser les âges et les générations. Quelquefois avec support, mais aussi sans autre appui que la transmission verbale et l'effort de mémoire. Nos langues en sont le reflet. Un moyen de transcender les limites de notre corps et de s'offrir une opportunité d'appartenir à un passé toujours vivant. Pourtant, le souvenir pourrait peut-être un jour paraître un luxe de conservation. J'ai eu écho d'un possible Atlantide, d'un plus sûr Colosse de

---

[12] William Dalrymple, The Singer of Epics in Nine Lives, Bloomsbury, 2009.

Rhodes, de la bibliothèque d'Alexandrie et de nombreuses merveilles successivement tombées dans l'oubli, comme échouées du temps.

Dans une quête de stabilité et comme pour traverser le temps et naviguer l'espace, l'homme s'est offert une quête, un pouvoir. Ce pouvoir est celui de construire un mythe et un savoir capables de perdurer et d'expliquer ce qu'il y a de plus impensable au monde : la vie, le temps, l'univers. Dans cette quête de compréhension et de création d'une ressource à partager, *homo sapiens* a recours à des métaphores de différentes natures. La première est scientifique. Celle qui représente le monde avec des chiffres, des équations, des modèles, des créations symboliques. Cette métaphore est extraordinairement juste, ce qui continue de surprendre les plus grands penseurs. Cependant, elle reste à jamais incomplète. L'autre plus imagée et artistique est celle du mythe. Ce mythe porte en lui une réalité perceptible au travers de la culture et des croyances. Les deux images se complètent et offrent à l'homme une richesse d'interprétation et de compréhension du monde qui a séduit, à toutes les époques, les scientifiques, les philosophes et les artistes.

Nature numérique de l'homme

CHAPITRE III
Métaphores spirituelles
Où la science et la mythologie se rejoignent.

Y aurait-il plus d'artéfacts virtuels dans la science que dans les mythologies et les croyances ? Les bosons, les quarks, la matière noire, le multivers n'ont aujourd'hui pas beaucoup plus de réalités perceptibles pour la plupart d'entre nous que n'en avaient à certaines époques Hercule, Zeus, Amon-Rê ou Shiva.

Nos équations sont-elles les bonnes ? Les mots sont-ils justes ? Je suppose que oui, en particulier dans l'esprit de ceux pour qui ils ont compté. C'est tout de même grâce à des lois empiriques que nous avons effectué des découvertes importantes. Là où les lois semblaient ne pas offrir d'adéquation parfaite, nous avons fait confiance aux mathématiques et aux calculs. La science a ainsi imaginé à de nombreuses reprises l'existence d'éléments qui étaient jusqu'alors inconnus, invisibles, inaccessibles et pourtant bien réels. Souvent afin de réconcilier les lois, la théorie et l'observation. Le boson de Higgs est certainement l'exemple le plus célèbre et le plus important de ces dernières années. Postulée en 1964 sur la base de la théorie, l'existence de la particule est validée expérimentalement en 2012. On ne peut nier le simple fait que les lois, les mots, les métaphores ont un impact incontestablement réel dès qu'ils prennent forme dans nos actes, nos expériences, nos savoirs ou nos croyances. Ils nous aident à nous faire une idée de ce qui nous entoure, de la réalité, de ce qui fait la vie, de ce qui constitue la matière, l'universum, la pensée et même la conscience.

Albert Einstein avouait : « Je serai toujours étonné de voir combien les mathématiques, pur produit de l'imagination humaine, correspondent si bien à la réalité. » Ces mathématiques comme de nombreuses sciences sont pourtant confrontées à des faiblesses. Le logicien Kurt Gödel identifiera deux d'entre elles dans le cadre de la logique. Il démontrera un premier théorème stipulant que les systèmes d'axiomes récursifs contiennent au moins une affirmation qui ne peut être démontrée ou réfutée. Il ajoutera dans un second théorème qu'une théorie cohérente ne démontre pas sa propre cohérence[13]. Cette limitation de la méthode axiomatique même si elle reste mineure laisse une part de questionnement et d'incertitude dans bon nombre de raisonnements.

Les réalités scientifiques et spirituelles ne sont que des images et des métaphores de notre monde. Des métaphores plus ou moins justes, plus ou moins dures. Des images utiles à sa compréhension et à la mise en ordre de notre savoir, de nos existences et de notre société.

Dans une volonté d'organisation du ciel, les Babyloniens avaient identifié les constellations il y a déjà plus de 4000 ans. Ils avaient alors, à portée de vue, les constellations de l'hémisphère nord. Sont ainsi apparus les mythes dans les étoiles qui occupent notre ciel. Lion, scorpion, bison homme, vieil homme, poisson. Ils se sont peu à peu liés avec l'astronomie et l'histoire. Des planètes qui portent le nom des dieux grecs et romains aux constellations qui portent le nom d'un cheval ailé (Pégase) ou d'un être mi-homme, mi-cheval (Centaure). Le mythe est, en plus d'être ancré dans nos cultures, profondément ancré dans la réalité scientifique de nos astres. Ce n'est que plus tard, après les grandes explorations, que nous nommerons les constellations de l'hémisphère sud découvertes en cette occasion. Nous leur attribuerons alors des noms en lien avec la navigation. Une double manière de remonter le temps au travers de la lumière qui a mis plusieurs milliers, millions et milliards d'années pour nous parvenir, mais aussi des images abstraites utilisées pour organiser le ciel. Les constellations sont ainsi le travail d'astronomes, de navigateurs, d'explorateurs et de mythes au cours de l'histoire. Un fil à remonter le ciel, que l'on doit à Ptolémée, Vespucci,

---

[13] K. Gödel, Über formal unentscheidbare Sätze der Principia Mathematica und verwandter Systeme, I. (« Sur les propositions formellement indécidables des Principia Mathematica et des systèmes apparentés ») Monatshefte für Mathematik und Physik, 38, p. 173-198. Traduit en anglais par van Heijenoort in From Frege to Gödel. Harvard University Press, 1971.

Plancius, Keyser, Houtman, Hevelius, Lacaille et tant d'autres (Figure 3).

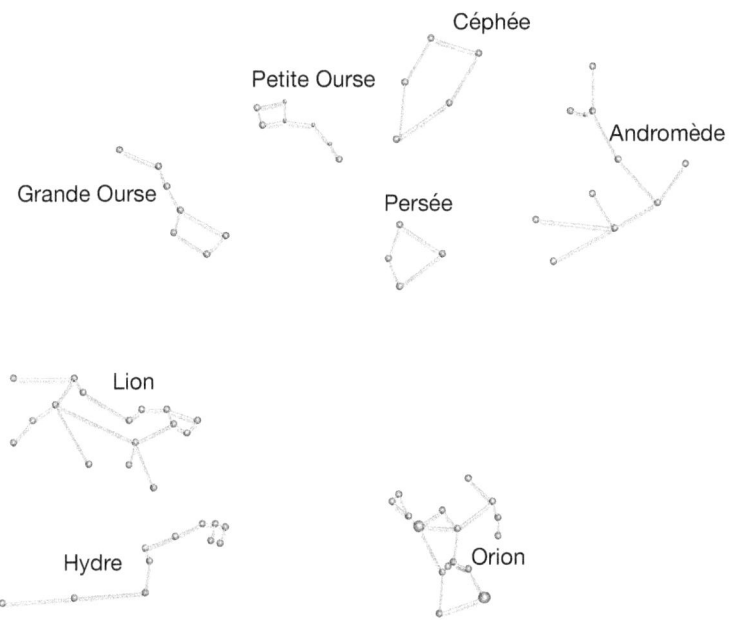

Figure 3 : Représentation de quelques constellations de la sphère céleste.

L'historienne des sciences et des technologies Adrienne Mayor a souligné la présence de questionnements sur la place de l'homme et de la machine dans la mythologie grecque[14]. Les débats sur le sujet auraient été initiés dès la Grèce antique. Elle souligne le parallèle de la manière suivante : « La question de savoir ce que signifiait être humain obsédait les anciens Grecs. À maintes reprises, leurs histoires exploraient les promesses et les dangers de conjurer la mort, d'étendre les capacités humaines, de reproduire la vie. Les mythes d'Hercule, Jason et les Argonautes, la sorcière Médée, l'ingénieur Dédale,

---

[14] Adrienne Mayor, Bio-techne, Half-human soldiers, robot servants and eagle drones – the Greeks got there first. Could an AI learn from their stories?, 2016.

l'inventeur-dieu Héphaïstos et la tragédie de Pandora ont soulevé la question fondamentale des frontières entre l'homme et la machine. »

Les nouvelles technologies auront permis à une nouvelle forme de mythe de prendre naissance. La mythologie digitale est présente avec des récits fictifs inventés sur la base d'œuvres digitales. Milad Doueihi parle d'une mythologie hybride entre jeu et fiction. C'est le cas de personnages de jeux dont les récits et les émotions sont retranscrits en livres et en mythes. La série d'ouvrages Halo est par exemple à l'intersection des deux mondes.

Le même format d'hybridité existe avec les influenceurs virtuels. Ce sont des modélisations numériques par ordinateur. Des modèles de personnes au physique souvent parfaitement ancré dans les normes sociales et les canons de beauté. Ces hommes et femmes de synthèse sont sur les réseaux sociaux au travers de leurs écrits et de leurs photos. Les représentations sont mythiques, mais portées par un personnage qui semble tout à fait réel. L'audience a suivi en masse ces comptes et entretient même une relation parasociale avec eux. Lilmiquela dispose de plus de 3 millions d'abonnés Instagram. Ces nouvelles créatures sont si convaincantes que certains s'interrogent sur l'existence d'un humain derrière l'avatar de ces profils, refusant de leur admettre un caractère uniquement artificiel.

L'homme digital est entré dans ce nouvel espace de réalité et d'abstraction qui lui offre un lieu de créativité, et lui inspire de nouvelles questions autour de personnages fictifs et artistiques. Face à l'inconnu et à la force des nouveaux liens virtuels, nos mythes digitaux ont fait apparition. Un symbole de la découverte d'un nouveau monde que l'on ne comprend pas encore tout à fait et que l'on souhaite expliquer malgré tout. La partie visible de nos intelligences artificielles s'observe avec un œil inquiet et admiratif. Un retour à une forme d'intrigue du monde qui nous entoure. Le besoin de déifier les personnages artificiels tels que nous l'aurions fait à une autre époque avec des astres. Dans un respect et une dépendance de ceux-ci, mais aussi comme des entités qui comptent dans nos vies numériques et qui nous dépassent.

Les mythes sont alors des images. Une représentation formelle en opposition avec le domaine de réalité. Pourtant, comme le stipulait le sociologue Edgar

Morin, les phénomènes ne sont pas dissociables de leurs représentations. Il est alors nécessaire d'encoder une réalité sous une représentation formelle pour pouvoir la manipuler et enfin la décoder. Un jeu constructiviste mêlant abstraction et réel qui posera toujours des questions sur les limites que l'on peut atteindre en termes de vérité. Nous pensons par exemple à Platon et à l'allégorie de la caverne.

Que l'abstraction soit mathématique, mentale, physique, mythologique ou numérique, elle se traduit sur la réalité des hommes qui la porte et la transporte dans le temps. Ces métaphores sont pourtant fragiles et paradoxales. Comment l'ordre peut-il naitre du désordre ? Comment le savoir peut-il être déformé et par moment même erroné ?

Nature numérique de l'homme

CHAPITRE IV
De nos mondes bien fragiles
Où les mondes s'entrelacent pour nous offrir des images cassées de la réalité.

Le poète et philosophe latin du Ier siècle, Lucrèce, considérait que la connaissance de la nature doit nous permettre d'appréhender la connaissance de la réalité ; en opposition aux images et chimères issues de notre esprit trop souvent prompt à croire qu'il existe des forces surnaturelles. Près de 2000 ans plus tard, en 1915, Michelis Enrico nous indique que le pas le plus important de la critique moderne est de comprendre que la plus grande partie des mythes divins et héroïques sont le fait de reconstructions et d'explications historiques[15], donnant ainsi à la réalité une image double, perçue au travers de différents prismes d'abstraction. À l'image de la lumière décomposée en une somme de couleurs ou d'un son en une somme de fréquences d'ondes. Notre réalité se percevrait au travers des mélanges de nos représentations qui éclairciraient finalement ce qu'elle est peut-être depuis le départ : une sensation ?

Le Popol-Vuh nous enseigne, comme toutes les histoires culturelles de civilisations, le lien étroit entre croyance et réalité. Dans ce texte fondamental de la civilisation Maya-quiché, nous découvrons les traces de croyances et un mythe sur l'origine de l'homme. D'après les écrits, les dieux auraient souhaité créer des créatures capables de leur rendre hommage, à savoir les hommes. Ils vont pour cela utiliser de la terre et de l'eau qu'ils vont modeler en figurines à l'image d'un homme avec une tête et un cou. Cette tentative fut infructueuse pour cause de dégradation de ces formes sous l'effet de l'eau de pluie.

---

[15] Michelis, Enrico. El problema de las ciencias históricas / Enrico de Michelis. Serbiula (sistema Librum 2.0), 2020.

Toutefois, elle nous enseigne des pas importants faits par la civilisation de l'époque. Cette dernière marque une période où les Mayas vont débuter le travail de la terre pour la création d'objets. Ces figurines et autres objets de terre donneront naissance à la poterie, puis bien plus tard aux œuvres céramiques. Un savoir-faire qui se propagera largement ensuite. Raphaël Girard conclura que nous sommes face à une concordance évidente et remarquable entre l'information du Popol-Vuh et la réalité objective. Un exemple parmi des milliers des relations subtiles entre une culture, une croyance et une forme de réalité.

La barque sacrée est une image de ce type. En Égypte ancienne, la barque reflète à quel point la vie de l'époque s'appuyait sur les richesses portées par le Nil (le Nil était personnifié par le dieu Hâpy). Elle tient un rôle prépondérant dans la croyance. Elle est symbole de la vie, de la mort et de la résurrection d'Osiris. La barque solaire accompagne les âmes des morts pour les guider vers les traces du dieu soleil. Un symbole d'une vie qui tient dans cet objet mythique et dont l'empreinte sur la culture égyptienne est prépondérante. Les paysans de l'époque se devaient de prendre en considération les offrandes aux dieux dans les volumes de production. Une croyance ancrée dans les actes, en particulier pour ce travail de la terre si complexe et exigeant.

Un mythe conté de génération en génération et portant un sens au quotidien n'aurait-il pas plus d'impact sur une civilisation, que des faits historiques ? Tenter d'expliquer le sens de la bataille de Marignan par un simple chiffre est comme la promesse d'oublier le reste et de ternir la lumière de l'histoire derrière une frise chronologique. Un récit mythique de ce moment aurait peut-être plus marqué nos enfants qu'une liste de faits empilés sans saveur, sans gouter à l'odeur de leur temps.

Notre espace physique est lui-même un objet abstrait et un produit de notre conception spirituelle. Il semble difficile de proposer un modèle géométrique adapté pour comprendre ce monde. Si l'espace et la géométrie euclidienne nous ont apporté beaucoup, il n'en est pas plus présent que d'autres espaces et d'autres géométries. La géométrie riemannienne (du nom de Bernhard Riemann) a apporté de nombreux enseignements et a ouvert un regard plus vaste des possibles. L'espace de Hilbert a largement éclairé notre compréhension de la mécanique quantique. Aucune géométrie ne pourrait offrir une universalité qui s'approcherait d'une image parfaite de la réalité dans sa globalité, ni même de son espace. La théorie des supercordes (sous sa variante unifiée dite théorie M) nous apprend que certaines dimensions de l'espace sont repliées sur elles-mêmes. Sur les 11 dimensions de cette théorie, 7 sont repliées et une dimension reste : celle du temps. Les dimensions repliées sont impalpables à l'échelle de l'homme, et pourtant, d'une certaine manière, elles existent. En conséquence, seulement nos trois dimensions habituelles restent observables. Cet objet tangible qu'est l'espace semble donc poser les mêmes questions que le temps, les mêmes problèmes. Il cache des mystères dont on perçoit les effets, mais dont on peine à connaître totalement la cause et l'origine. Dès lors que l'on s'y attarde, les définitions de choses simples ne semblent plus évidentes et un doute persiste à nous suivre. Si personne ne me demande ce qu'est le temps, je sais ce qu'il est ; et si on me le demande et que je veuille l'expliquer, je ne le sais plus affirmait déjà Saint Augustin. Les sciences nous offrent des projections de cet espace et de ce temps qui par nature restent dépendant de la représentation humaine tel que le soutenait Emmanuel Kant.

Les métaphores de notre monde, quelles qu'elles soient, sont bien fragiles. Une nouvelle théorie scientifique viendra peut-être effacer un jour tout un pan de notre savoir d'un coup de génie et sans prévenir. Ce serait une drôle de panique. Ce mot d'origine grecque provient précisément de la mythologie. Pan (Πάν), le dieu protecteur des bergers et des pâturages, mi-homme et mi-bouc était capable de terroriser les voyageurs du fait des cris abominables qu'il émettait. La panique s'en suivait.

Les paradoxes de la science nous montrent à la fois sa faiblesse et sa force, son imprécision et sa précision, son pouvoir et son impuissance. Étienne Klein a traité le sujet du paradoxe. Il y est là encore question de notre incapacité à distinguer le réel de sa représentation. Il a appuyé son discours sur les paradoxes de la physique et notamment celui de la réversibilité du temps[16].

Fort de cette incertitude, la science tisse un lien avec le doute via la réfutabilité. Toute hypothèse, toute théorie doit être réfutable. Elle est ainsi, par construction, hypothétiquement vraie tant qu'on ne l'a pas démontrée fausse. Prudence donc ! Rappelons-nous, il y a peu de cela, La Terre était plate. Elle est ronde aujourd'hui. Pourtant, la croyance n'est pas si évidente et La Terre est toujours plate pour certains d'entre nous. Ils ont un nom, les platistes ou terreplatistes. Des générations ont appris avec obéissance et assiduité que La Terre était au centre de l'univers. Nous avions à l'appui pour ceux qui en doutaient, des cartes corroborant avec certitude cet état de fait. Le naturaliste Charles Darwin a suggéré en 1871 l'hypothèse d'une origine de la vie dans des mares d'eau chaude. Il écrivait « si nous pouvions concevoir dans un petit étang chaud avec toutes sortes d'ammoniac et de sels phosphoriques, lumière, chaleur, électricité, qu'un composé protéique s'est formé chimiquement, prêt à subir encore plus des changements complexes, à l'heure actuelle, cette matière serait immédiatement dévorée ou absorbée, ce qui n'aurait pas été le cas avant la formation des créatures vivantes. » Cette hypothèse est moins sûre avec les découvertes récentes. Elles indiqueraient la possibilité d'une forme de vie obtenue à partir des vents hydrothermaux et des cheminées hydrothermales sous-marines[17]. Les chercheurs concluent de la manière suivante : « les conditions permettent non seulement la formation de protocoles à l'origine de la vie, mais la favorisent activement. »

Nous avons cru un instant que le monde était fait de matière et d'éther. Une substance qui a porté la physique pendant longtemps et qui n'aura pas empêché de nombreuses découvertes. Le mathématicien Henri Poincaré affirmera en 1902 : « peu importe que l'éther existe réellement, c'est l'affaire des métaphysiciens. Aujourd'hui, la question de l'éther semble totalement dépassée malgré des similitudes avec l'énergie noire et le vide quantique. » Dans son origine mythologique, on retrouvait déjà l'éther. Éther (Αιθήρ) était un dieu primordial de la mythologie grecque, son domaine était celui de l'air

---

[16] Étienne Klein, Conversations avec le sphinx, Albin Michel, 1991.
[17] Jordan, S.F., Rammu, H., Zheludev, I.N. et al. Promotion of protocell self-assembly from mixed amphiphiles at the origin of life. Nat Ecol Evol 3, 1705–1714, 2019.

supérieur. Il fait donc de son domaine un air respiré par les dieux en opposition avec l'air respiré par les simples mortels que nous sommes. Il est intéressant de noter que dans cette mythologie, c'est le temps Chronos (Χρόνος) qui génère l'éther. Dans nos considérations physiques modernes sur l'origine de l'univers, le temps nait avec le Big Bang. Avant, il n'existait pas. Les exemples poussant à la vigilance sont nombreux et les dizaines de théories sur les origines de l'*homo sapiens* sont également à prendre avec prudence[18].

Des chocs existent entre nos métaphores universelles. Par moment, par l'histoire, elles se trouvent en désaccord, d'autres fois, elles se complètent merveilleusement bien. Dieu joue-t-il aux dés ? Existe-t-il un grand architecte de l'univers ? Que se cache-t-il derrière la réalité ? Derrière la conscience ? Quelle est la nature même de la réalité ? Une prochaine civilisation écrira peut-être ses croyances, sa mythologie et son histoire différemment. La civilisation digitale l'écrira avec de nouveaux artéfacts et au travers d'une réalité déformée ou découverte différemment par nos écrans, nos outils, nos nouveaux objets et nos nouvelles espèces.

Nos métaphores viennent enrichir à leur manière notre esprit et notre savoir, deux grands piliers du progrès. Si elles nous permettent de construire des édifices et des artifices, gardons en tête leur fragilité. Un symbole des plus pur a été conservé avec des mots simples et pourtant si justes. L'écrivain, poète, et aviateur, Antoine de Saint-Exupéry nous rappelait que les grandes personnes aiment les chiffres. « Quand vous leur parlez d'un nouvel ami, elles ne vous questionnent jamais sur l'essentiel. Elles ne vous disent jamais : Quel est le son de sa voix ? Quels sont les jeux qu'il préfère ? Est-ce qu'il collectionne les papillons ? Elles vous demandent : Quel âge a-t-il ? Combien a-t-il de frères ? Combien pèse-t-il ? Combien gagne son père ? Alors seulement, elles croient le connaitre. Ainsi, si vous leur dites : La preuve que le petit prince a existé c'est qu'il était ravissant, qu'il riait, et qu'il voulait un

---

[18] Mark Strauss, Douze théories sur l'évolution humaine, et pourquoi elles sont fausses, Des tueurs ? Des cueilleurs ? Des artisans ? Les scientifiques ont du mal à se mettre d'accord sur l'essence de l'humanité et sur ses origines.
https://www.nationalgeographic.fr/evolution/douze-theories-sur-levolution-humaine-et-pourquoi-elles-sont-fausses, 2019.

mouton. Quand on veut un mouton, c'est la preuve qu'on existe elles hausseront les épaules et vous traiteront d'enfant ! Mais si vous leur dites : la planète d'où il venait est l'astéroïde B 612 alors elles seront convaincues, et elles vous laisseront tranquille avec leurs questions. Elles sont comme ça. Il ne faut pas leur en vouloir. Les enfants doivent être très indulgents envers les grandes personnes. »

Faut-il garder son âme d'enfant pour comprendre le monde ? Existe-t-il une réalité ailleurs que dans nos lois et dans nos nombres ? Si tous les romans du monde ont essayé de nous en convaincre, le doute court toujours.

En balayant les métaphores qui s'offrent à l'homme pour extraire le sens de ce qui l'entoure, on constate sous de multiples abstractions et à de nombreuses échelles qu'il existe un lien surprenant entre l'ordre et le désordre. Ce paradoxe du vivant se retrouve également dans nos nouvelles technologies digitales.

CHAPITRE V
Un apparent désordre qui cache un ordre
Où le désordre tisse un lien subtil avec l'ordre.

Conjointement à la question des images de la réalité se pose la question d'un paradoxe historique de nos observations de la nature – celle de l'ordre des choses. En particulier, il s'agit d'expliquer comment un apparent désordre peut être à l'origine de l'ordre que nous observons ou semblons observer.

La mythologie grecque relate différentes versions de la création du monde, ce que l'on dénomme la cosmogonie. Pourtant, la plupart des versions s'entendent sur un fait, celui d'une origine dans le Chaos (Χάος)[19]. D'une matière non organisée, naitra une forme d'ordre. L'apparition des dieux et de toutes les autres forces de l'univers est postérieure au chaos. Si le mythe n'est pas convergent avec l'idée du Big Bang, il offre tout de même un regard et une image sur la question. Comment l'ordre peut-il naitre du désordre ? Et plus récemment, comment nos systèmes intelligents s'en inspirent-ils ?

Le biologiste et philosophe Henri Atlan résumait ses observations en mettant en exergue l'importance du bruit. Le bruit serait l'un des ingrédients secrets permettant au désordre de s'organiser. Il résume l'idée de la manière suivante : « Le principe de complexité par le bruit, c'est-à-dire l'idée d'un bruit à effet positif, c'est la façon détournée que nous avons d'introduire les effets du sens, de la signification, dans une théorie quantitative de l'organisation. » L'origine de l'univers, de la vie, des espèces, des systèmes de toutes natures semblent être associée à ce paradoxe de l'ordre et du désordre auquel on ajoute par moment une pincée de bruit, de hasard. L'ordre observé est lié à

---

[19] Hésiode, Théogonie, VIIIème siècle av. J.-C.

la surprenante réussite de nos modèles abstraits pour modéliser la réalité. Albert Einstein soulignait l'incroyable ordre observé par l'homme : « L'esprit humain n'est pas capable de comprendre l'Univers. Nous sommes comme un petit enfant entrant dans une énorme bibliothèque. Les murs sont couverts jusqu'aux plafonds de livres dans diverses langues. L'enfant sait que quelqu'un doit avoir écrit ces livres. Il ne sait pas qui ni comment. Il ne comprend pas la langue dans laquelle ils sont écrits. Mais l'enfant remarque un plan précis dans la disposition des livres. Un ordre mystérieux qu'il ne comprend pas, mais qu'il soupçonne seulement vaguement. » Le physicien Albert-László Barabási avouera que ce livre de la nature est désespérément complexe et reste le défi majeur pour la science du XXIème siècle. « De la société, une collection de sept-milliards d'individus, aux systèmes de communication, qui relient aujourd'hui des milliards d'appareils, des ordinateurs aux téléphones portables. Notre existence même est enracinée dans la capacité de milliers de gènes à travailler ensemble de manière transparente ; nos pensées, notre raisonnement et notre compréhension du monde sont cachés dans les connexions entre les milliards de neurones dans notre cerveau. Ces systèmes, à première vue aléatoires, après une inspection minutieuse affichent des signatures infinies d'ordre et d'autoorganisation dont la quantification, la compréhension, la prédiction et, éventuellement, le contrôle sont un défi intellectuel majeur. »

Ce défi a occupé la somme du travail des hommes de toutes les époques. La science a ainsi ouvert ce livre à petits pas et au fil du temps. La nature nous a ouvert peu à peu son secret. Le célèbre philosophe Pythagore avait été l'un des premiers à en ouvrir une page avec les mathématiques. Il avait à l'époque et pour l'une des premières fois mis en équation la réalité musicale de notre monde physique[20]. Il établit la relation entre le son émis par une corde et sa longueur. Une passion portée par la musique et son sens. Cette harmonie de la nature par les chiffres, ou inversement. Un indice allant dans le sens d'une beauté obtenue par un ordre caché dans la nature. « D'abord il attacha à des cordes des poids correspondants et discerna à l'oreille leurs consonances ; puis il appliqua des proportions doubles, médianes ou autres à des longueurs

---

[20] Brigitte van Wymeersch, La philosophie pythagoricienne du nombre et la musique, 1997.

de tuyaux et conçut une assurance parfaite dans ses diverses expériences. En les mesurant, il versa des quantités d'eau correspondantes en poids dans des verres ; et il percuta ces verres, arrangés selon les différents poids, avec un bâton de cuivre ou de fer, en se réjouissant de constater que, là non plus, rien ne divergeait. Ainsi conduit, il se tourna pour les examiner vers la longueur et l'épaisseur des cordes. C'est de cette façon qu'il trouva la règle, au double sens de la norme et de l'instrument de mesure en bois qu'est le monocorde ; […] ce type de règle donne une vision tellement fixe et ferme que nul, parmi ceux qui cherchent, ne peut être induit en erreur… » [21]

La découverte de lois dans la nature se veut idéalement sans approximation et hypothétiquement sans erreurs. D'une certaine manière, elles visent la perfection. La connaissance se veut universelle et si possible sans attaches culturelles. Elle se doit d'être juste pour tous comme un reflet incontestable du réel. Pourtant, en y regardant de plus près, il est aisé de découvrir que les erreurs sont bien présentes et à de multiples échelles. Elles sont même au cœur de la création de la vie et de la connaissance. Elles en arrivent à détenir un pouvoir créateur, le pouvoir de parfaire et d'ajuster son œuvre jusqu'au plus juste qui coïncide pour notre plus grand bonheur avec le plus beau.

---

[21] Boèce, De Institutione Musica, fondement de la spéculation musicale théorique du Moyen Âge, vers 470-525.

CHAPITRE VI
Du désordre et des erreurs aux pouvoirs créateurs
De la place de l'erreur dans la création.

Dès que l'homme tente de créer ou de s'emparer du savoir, sans trop en avoir le choix, s'il souhaite le transmettre, il se doit de l'échanger, de l'écrire et pour former, de le transformer, le déformer. L'histoire des mythes n'est pas exempte de cette observation et ils évoluent au fil du temps et de la transmission. Ils se content avec des modifications à l'image d'une culture, d'une civilisation.

L'homme commet des erreurs. Ces erreurs sont quelquefois reprises et acquises pour juste. Erreurs dangereuses ou créatrices ? J'ai souvenir d'un ouvrage reprenant l'ensemble des erreurs transmises dans nos livres éducatifs scientifiques. Un exemple marquant était celui d'un schéma présentant un baril percé en trois endroits et dont les apprenants se devaient de comprendre le rapport entre la hauteur et la pression d'un fluide : le principe d'Evangelista Torricelli. Le carré de la vitesse d'écoulement d'un fluide sous l'effet de la pesanteur est proportionnel à la hauteur de fluide situé au-dessus de l'ouverture par laquelle il s'échappe du cylindre. Une loi de la nature parmi des millions d'autres. L'illustration reprise de manière quasi systématique sur les manuels scolaires visait à montrer que plus le trou est bas, plus la vitesse d'écoulement est grande. Cette dernière portait une fausse simplification montrant que le jet d'eau le plus bas allait le plus loin. L'histoire stipule que même Léonard de Vinci en avait illustré une image imparfaite. Le tonneau percé facilitait la compréhension, mais celui qui tentait l'expérience comprenait l'erreur. Un jet proche de la base du baril touche plus vite le sol sur lequel il est posé. Le jet du milieu étant celui qui ira le plus loin. Ceci s'expliquant non pas seulement par la pression mais par la distance de chaque trou avec la table.

Dès que l'homme entre dans la fontaine de la connaissance, lui, qui en est l'acteur fondamental, tente de transmettre des éléments de vérité et commet des erreurs, apprend par l'erreur.

Regardant le savoir, seuls quelques scientifiques en avaient été les porte-paroles pendant des siècles et des millénaires. Paradigme ayant drastiquement évolué avec les nouvelles technologies, les nouveaux médias et notamment le web social et collaboratif. Avant la mise en place d'un système de vérification, les informations disponibles sur l'encyclopédie digitale Wikipédia étaient elles aussi peu fiables. Aujourd'hui, notre encyclopédie est le reflet de ce que l'homme peut faire de mieux dans la création commune de savoir. À condition qu'il en prenne le temps, qu'il s'organise, qu'il ajuste, apprenne et corrige ses erreurs. Wikipédia est aujourd'hui de bonne qualité. Cela aura nécessité plus de 15 ans de travail, 15 ans d'autoorganisation. Une œuvre construite par des hommes qui se comptent en millions en contraste historique avec *l'Encyclopédie ou Dictionnaire raisonné des sciences, des arts et des métiers*, porté par un cercle restreint (environ 300 personnes) et qui avait nécessité plus de 21 ans de travail. Le projet porté par Denis Diderot et Jean Le Rond d'Alembert comportait un total de 60 000 entrées[22], Wikipédia arbore fièrement plus de deux-milliards d'articles. Pour la seule section française, plus de 20 000 contributeurs actifs sont identifiés.

Au-delà de cette œuvre, nos plateformes digitales d'instantanéité portent quelques problématiques. Les technologies numériques amplifient les erreurs, les répètent, et chacun peut s'aventurer à transmettre sa propre version de la vérité. Cette dernière peut être acceptée par tous, même s'il s'agit d'une fausse vérité ou d'une fausse information. Un reflet des nouveaux jeux dangereux mêlant information et vérité. Des groupes de croyance peuvent se constituer dans nos communautés digitales, à l'image des chambres d'écho. Des caisses de résonance où les individus corroborent un fait non vérifié et dont aucun n'a accès à une information véridique pour le démentir. Dans de telles chambres froides, les internautes pensent à tort détenir la vérité. Les fausses

---

[22] L'encyclopédie est en grande partie disponible en ligne.
https://gallica.bnf.fr/conseils/content/lencyclopédie-de-diderot-et-d'alembert

croyances y sont amplifiées à l'image d'un écho déformé par les parroies de nos montagnes. Le digital nous offre des erreurs plus complexes à saisir et à contrôler. Elles sont parfois involontaires, elles proviennent de tous et à tous les instants. Que dire de celles des blogues, des milliards de vidéos YouTube ou des milliards de sites web ?

Loin de la mémoire de l'eau[23], les erreurs peuvent avoir du bon. Un mot volontairement écorché, un rythme cassé comme le faisait Louis Aragon. Un voyage vers la Chine et le Japon qui nous fait découvrir l'Amérique pour Christophe Colomb. L'iode découvert par Bernard Courtois dans des cendres d'algues marines. La radioactivité par Henri Becquerel. Le post-it aussi, on le doit à une erreur.

La nature fait des erreurs à l'image de l'homme qui en est un produit miraculeux. Il a eu le temps d'acquérir un patrimoine génétique qui a connu des épopées diverses. Épopées qui ont conduit à une forme de complexité et d'ingéniosité incroyables. Alors, soyons vigilants, nous avons peut-être commis l'erreur de manipuler l'ADN du vivant.

Ces erreurs cachent-elles d'autres ambitions telles que le hasard et la nécessité ? Quelquefois aussi le spontané. L'homme est sorti du néant, du Big Bang, sorti du vivant, d'un ancêtre commun. Était-ce possible sans faire appel à une certaine forme de hasard et d'erreur ? Le célèbre philosophe grec matérialiste Démocrite affirmait que tout ce qui est dans l'univers est le fruit du hasard et de la nécessité. Propos mis en lumière par le prix Nobel de physiologie Jacques Monod, notamment au regard de la biologie[24]. La loi est un symbole fort de notre lecture du grand livre. Cependant, il reste toujours un doute sur la place du hasard dans l'expression et l'émergence de ces lois. Le physicien Stephen Hawking complétait : « Nous ne pouvons pas fabriquer

---

[23] Ce fut une hypothèse scientifique qui stipulait que l'eau conservait une empreinte de substances avec laquelle elle avait été en contact (Ma vérité sur la "Mémoire de l'eau" de Jacques Benveniste, Au cœur de l'extra-ordinaire, Henri Broch). L'article original avait été publié dans Nature Human basophil degranulation triggered by very dilute antiserum against IgE, Nature vol. 333, juin, p. 816, 1988.

[24] Jacques Monod, Le Hasard et la Nécessité. Essai sur la philosophie naturelle de la biologie moderne, Seuil, 1970.

les acides nucléiques en laboratoire à partir de matériaux non vivants. Mais étant donné 500 millions d'années et les océans couvrant la majeure partie de la Terre, il pourrait y avoir une probabilité raisonnable que l'ARN soit fabriqué par hasard. Au fur et à mesure que l'ADN se reproduisait, il y aurait eu des erreurs aléatoires, dont beaucoup auraient été nocives et auraient disparu. Certaines auraient été neutres — elles n'auraient pas affecté la fonction du gène. Et quelques erreurs auraient été favorables à la survie de l'espèce — celles-ci auraient été choisies par sélection naturelle darwinienne. »

Injecter une dose de hasard a donc souvent une tonalité salvatrice pour nos systèmes biologiques, mécaniques et même artificiels. Les erreurs sont bien au cœur de nos processus et celui qui n'en commet plus doit se résoudre à anéantir son apprentissage en s'anéantissant lui-même. L'entrepreneur Bill Gates affirmait que le succès est mauvais professeur. Il pousse les gens intelligents à croire qu'ils sont infaillibles. L'homme d'État américain et vingt-sixième président des États-Unis, Théodore Roosevelt nous apprenait : « Le seul homme à ne jamais faire d'erreur est celui qui ne fait jamais rien. »

La vie est un symbole ici. Elle est constamment en quête de reproduction, de division, d'action et de réaction. Sa quête ne prend jamais fin et englobe une mécanique qui fait des erreurs et qui apprend par les erreurs. Elle semble même savoir avec le temps gérer la plupart de ses erreurs. Un talent que nous n'avons malheureusement pas toujours.

Nos intelligences artificielles les plus impressionnantes apprennent de leurs échecs. C'est ainsi que peu à peu la machine a pu surpasser les performances humaines. Dès 2015, l'intelligence artificielle *Deep Mind* avait démontré des facultés d'apprentissage lui permettant de s'adapter à des taches de natures variées. Elle a, par exemple, atteint un niveau d'excellence humaine sur de nombreux jeux de la console Atari 2600. Les chercheurs précisent cette avancée de la manière suivante[25] : « Ce travail comble le fossé entre les entrées sensorielles de haute dimension et les actions, aboutissant au premier agent artificiel capable d'apprendre à exceller dans un large éventail de tâches

---

[25] Mnih, V., Kavukcuoglu, K., Silver, D. et al. Human-level control through deep reinforcement learning. Nature 518, 529–533, 2015.

difficiles. »

Les réseaux antagonistes génératifs sont des algorithmes capables de s'autoprogrammer à l'image de la nature. Dans ce modèle, deux réseaux s'affrontent : un générateur et un discriminateur. Le premier génère une image artificielle et le second tente de prédire si cette image est artificielle ou synthétique. Cette compétition entre les réseaux permet d'obtenir la synthèse d'images extrêmement réalistes. La machine gagne en s'affrontant elle-même et en conservant sa meilleure version pour s'affronter à nouveau. Une boucle de réussite presque darwinienne et qui atteint des sommets. Cette autoorganisation du réseau de neurones ressemble de près à la capacité observée dans la nature.

La plupart de nos modèles prédictifs se font proches des erreurs. Ils ne cherchent pas systématiquement à les annuler, mais tissent un lien charnel avec elles. Ils se doivent de comprendre que les erreurs sont une marque d'adaptabilité, un gage de réussite.

> Dans un modèle sans erreurs, le risque est grand.
> Le risque d'avoir compris un peu trop bien une réalité qui nous fait face en occultant une réalité que l'on ignore.

Une leçon comprise par l'homme dès ses premières tentatives de prise de mesure où aucune perfection n'était possible et où une marge d'erreur devait être apprivoisée. Cette réalité se matérialise par les célèbres courbes portant le nom de Friedrich Gauss (courbes en cloche) que l'on retrouve largement dans la nature et qui portait à ses débuts le nom de loi des erreurs. L'observation est intuitive, mais profonde : les petites erreurs ont lieu plus souvent que les grandes.

Nous souhaitons à nos modèles artificiels une forme d'universalité afin de leur offrir un usage transverse. Il y a donc un juste milieu à trouver entre un modèle surentrainé et sous-entrainé. Nous parlons dans un cas de sous-apprentissage et dans l'autre de sur-apprentissage. Ces images sont des objets de réflexion pour notre pédagogie. Pour lui permettre une durée de vie plus grande, on privilégiera un programme tolérant aux imperfections, plus adaptable et plus robuste à d'infimes changements.

Quelques éléments de bruits intégrés dans une image suffisent à duper nos algorithmes de reconnaissance de formes (ceux du *deep Learning* — l'apprentissage profond). Il suffit d'ajouter à l'image de gauche un bruit infime pour que le système confonde un panda avec un gibbon (Figure 4).

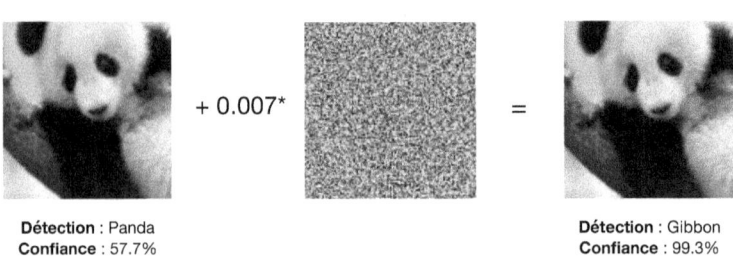

Figure 4 : Illustration de l'impact du bruit sur la reconnaissance d'un animal sur une image[26].

Dans certains cas, la robustesse de nos systèmes à l'erreur, à l'infime détail et au bruit manque. Comme si l'erreur ou l'absence d'information nous indiquait en silence l'importance de son rôle, comme si un souffle à notre oreille pouvait nous dicter tout un monde. Les algorithmes de réseaux de neurones artificiels s'alimentent des erreurs pour ajuster la pondération des liens entre chaque neurone. Ceux-ci mesurent l'écart entre les sorties proposées par l'algorithme et celles qui sont espérées. Elles effectuent une rétropropagation de cette erreur (rétropropagation du gradient). L'apprentissage tient dans la capacité de l'algorithme à ajuster les poids synaptiques pour optimiser le résultat souhaité.

La biologie nous apprend beaucoup sur le sens de l'information au travers du code de la vie. En observant le vivant, on note le processus de reproduction et celui de la division cellulaire. L'ADN est alors perçu tel un patrimoine transmis de génération en génération. À l'échelle d'un être, cette information se multiplie de cellule en cellule. La copie de l'ADN est effectuée et le patrimoine est hérité. L'ADN porte le tout information, ce tout essentiel et

---

[26] Daniel Geng and Rishi Veerapaneni, Tricking Neural Networks: Create your own Adversarial Examples, 2018.

qui caractérise l'ensemble. Il porte des milliers de gènes qui reflètent les traits de l'individu. Ces gènes font l'objet de nombreuses études, car ils sont la source de la synthèse de molécules associées à des fonctions spécifiques. Depuis le début de l'humanité, l'homme peut transmettre une partie de ce patrimoine.

Dans son sens et sa beauté, le mode de fonctionnement biologique pose des questions surprenantes. Une partie du patrimoine génétique de l'ARN est ignoré par le processus biologique. Un symbole parmi d'autres est celui des introns, portions d'ARN qui semblent ne servir à rien. Si une partie de la séquence est bien utile, un processus de découpage est effectué par le splicéosome (Figure 5). Ce dernier permet d'ignorer (voire de réparer) certaines séquences inutiles à la synthèse de protéines. Les spécialistes se sont longtemps interrogés sur le sens de ces segments qui n'apportent aucune information nécessaire à nos processus biologiques. Au point même que notre système va procéder à des coupes pour les ignorer. C'est le procédé d'épissage. Des portions d'ARN non codantes, cela pose question. S'agirait-il d'une erreur de la nature ? Les chercheurs avaient émis l'hypothèse d'un vestige biologique issu d'un virus ayant marqué notre espèce jusqu'à y laisser sa marque dans notre code génétique. Aujourd'hui, nous avons peut-être le sens de son existence. Loin d'être inutile, leur présence s'opposerait à la formation dangereuse d'hybrides ARN-ADN, qui aurait pour conséquence de nuire à la stabilité de notre génome. Les structures génotoxiques seraient ainsi prévenues grâce à l'existence des introns[27]. Un rappel de l'importance de ce qui semble de prime abord inutile. Si l'histoire s'écrivait en musique, les introns pourraient être perçus comme une absence d'information nécessaire à notre silence salvateur. Des pauses au milieu d'un chef-d'œuvre. Un symbole de vibrato vital ? Le philosophe Pyrrhon d'Élis nous apprenait déjà vers 360 av. J.-C. que l'ataraxie, la sagesse, n'allait pas sans l'aphasie, le silence[28]. La nature apprécie le silence.

---

[27] A. Bonnet, A.R. Grosso, A. Elkaoutari, E. Coleno, A. Presle, S.C. Sridhara, G. Janbon, V. Géli, S.F. de Almeida & B. Palancade, Introns protect eukaryotic genomes from transcription-associated genetic instability. Molecular Cell, 2017.
[28] Pyrrhon ou l'apparence, puf, Marcel Conche, 1994.

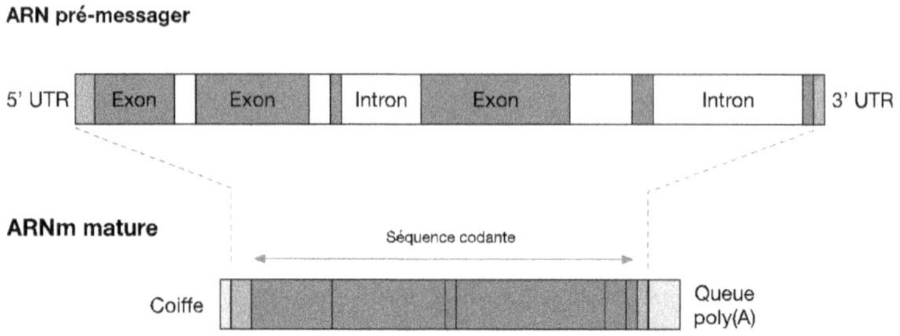

ARN pré-messager

| 5' UTR | Exon | Exon | Intron | Exon | | Intron | 3' UTR |

ARNm mature

Séquence codante

Coiffe — Queue poly(A)

Figure 5 : Illustration du procédé d'épissage qui permet la suppression des introns.

Henri Atlan a défendu un modèle de l'autoorganisation des systèmes grâce au désordre et au bruit (il s'agit ici du bruit informationnel). Il y décrit l'importance du bruit dans la diminution de la redondance de l'information et l'enrichissement de l'organisation d'un système. Il précise sa théorie considérant un canal de communication entre deux sous-systèmes d'un système plus global. La transmission d'un message entre ces deux sous-composantes peut s'effectuer avec ou sans bruit. Dans le cas où aucun bruit n'existe, alors la quantité d'information du système global est maintenue. Par contre, dans le cas où du bruit apparait lors de la transmission, le système global contient plus d'information, car moins de redondance. Cette idée d'une exploitation du bruit comme ingrédient de l'organisation à toutes les échelles, biologiques, sociologiques, mais aussi de l'intelligence artificielle est tout à fait remarquable et reste d'actualité. Une observation qui mènera Milad Doueihi à affirmer que : « Oubli et hasard sont les grands obstacles à une véritable autonomie de ces créatures animées (avatar numérique), à la mémoire sans limites. »

Nous avons vu l'importance de l'erreur pour comprendre la performance des algorithmes, mais elle existe aussi dans la science des réseaux. Cette manière dont les hommes sont connectés les uns aux autres. Le capital social défendu par le sociologue Ronald Burt se base sur une mesure de redondance qu'il faut diminuer pour optimiser sa position dans un réseau. Il défend l'hypothèse d'une richesse culturelle, intellectuelle, informative, d'un individu sujet soumis à des stimulus externes de natures variées. À l'image d'un informaticien spécialisé dans l'algorithmie et qui pourrait considérer comme bruit des signaux informationnels liés à la biologie ou à l'anthropologie. Pourtant, les algorithmes génétiques sont bio-inspirés et c'est précisément cette richesse de complémentarité des signaux non redondants qui apportent ce type d'opportunité. Dans ce registre, maximiser l'entropie (la mesure physique du désordre) est une chance et non plus une perte d'information. Pour nos systèmes de recommandation en ligne, nos sources d'informations sont calibrées pour satisfaire nos esprits avec une prise de risque minimale et un taux d'erreur réduit. L'erreur est ici la proposition d'un contenu à un utilisateur qui ne le lira pas ou ne le visionnera pas. Il n'accèdera pas aux idées défendues. C'est pourtant bien dans un article, un ouvrage proposé par erreur que l'inspiration peut naitre de nos systèmes cognitifs complexes. Un élément nouveau qui soudain éclaire notre esprit, tisse des liens conceptuels et nous fait grandir. Il manque peut-être à nos représentations digitales, une forme de hasard salvateur. Ce hasard absent des algorithmes qui pensent systématiquement à notre place.

Nous devons cultiver l'erreur, l'aléatoire, le spontané tel que la nature le dicte. J'ai en cela toujours voué une grande admiration pour l'erreur, en particulier quand elle est commise par les hommes. Ils apparaissent d'autant plus grands dans leurs profondes faiblesses et blessures. L'erreur est en ce sens une privation de connaissance, comme l'affirmait le philosophe Spinoza, mais aussi le mathématicien René Descartes. L'erreur si elle est le contraire de la vérité, est certainement un chemin vers la vérité, une étape essentielle de la vie et de l'envie de nos savoirs, loin des envies d'avoir. Des symboles d'écorchures sur nos cœurs bruts, qui peu à peu les façonnent et les transforment en un cristal ou en fumée[29], une marque ultime et indélébile de notre humanité et de notre élévation.

Que serions-nous devenus sans la marque et l'empreinte encore profonde de nos erreurs ? C'est en partant dans les mauvaises directions que nous trouvons toujours notre voie. Des chemins riches de leurs diversités et de

---

[29] Selon le titre de Henri Hatlan, 1979.

leur pouvoir d'apprentissage. Il y a bien dans la vie certaines catégories d'erreurs qu'il est nécessaire de commettre. Elle est alors une course à l'aventure comme nous l'indique son origine étymologique latine (*error*). Certaines font perdre de l'argent, d'autres font souffrir, certaines font rougir et d'autres font bien rire. Toutes ces erreurs nous construisent. Notre environnement est si complexe qu'il nous les impose presque. S'il est à la mode de percevoir l'échec comme un chemin vers le succès, il semble surtout que faire des erreurs est la possibilité ultime que nous offre la vie de se rendre unique. La nouveauté ne peut apparaitre que par une certaine forme d'erreur. Le philosophe Gaston Bachelard nous rappelait que la connaissance ne peut pas faire l'économie de l'erreur. Nous l'avons vu, c'est même quelquefois par erreur qu'elle nous arrive.

Quel que soit le futur de nos systèmes intelligents et de la machine pensante, une place à l'erreur doit être cultivée. L'homme est dans l'impossibilité de retranscrire toutes les décisions dans le code figé et froid de la machine. Elle devra s'autoorganiser à l'image de la vie et de nos réseaux de neurones artificiels déjà fonctionnels. Il est possible que ce qui semble apparaitre comme des faiblesses de l'homme (mémoire limitée, hasard, erreur) soit en fait sa réelle force, et ce qui semble être les forces de la machine pensante soit en réalité sa principale faiblesse. Pour ajuster cette nature digitale, il faudra lui transmettre ce qui résume notre essence, notre philosophie, nos codes et notre éthique, nos valeurs et nos fragilités. Il conviendra alors de laisser à la machine la possibilité d'apprendre de ses erreurs et de nos erreurs. Ce processus lui permettra d'atteindre et d'accélérer son évolution.

Si nous avons traité de l'importance de l'erreur et de l'apparent langage mathématique du monde, il est un autre sujet essentiel pour appréhender notre réalité. Ce prisme est celui de la valeur du mot et du langage. André Comte-Sponville relie les deux précisant que ce n'est pas l'univers qui est écrit en langage mathématique, comme le voulait Galilée ; c'est le cerveau humain qui traduit le silence de l'univers, qui est sa langue maternelle et muette, en langage mathématique. Nos langues offrent un domaine d'abstraction supplémentaire à la réalité. Encore une fois, sur cette couche d'abstraction, les mots évoluent avec l'homme numérique.

CHAPITRE VII
Un mot pour construire tout un monde
Où les mots cachent un sens.

La vie, le temps et la langue font oublier nos questions d'enfants. Les questions les plus simples et certainement celles qui promettent à un homme curieux de vivre ébahi par tout ce qui l'entoure. Ces merveilles se ternissent chaque fois qu'un mot vient s'y poser pour dominer ce qui ne peut l'être. Il est plus de notre pensée dans un mot qu'une indéniable réalité. Si c'est un souffle sur une plaie, le mot porte des maux.

Tout a un mot comme
Tout est un mot
Tout comme le mot est un
Tout.

Ceux qui m'impressionnent le plus sont certainement le constructivisme, le doute, la vie, la mort, l'amour, le fantastique, la conscience et l'éternel. L'univers, l'espace, mais aussi, l'eau, la terre, l'homme et le temps, mot primitif par excellence. Toutes ces choses me semblent surprenantes et inattendues. Le soleil, la vie, le temps ont une profondeur bien plus grande que les artifices de leurs simples mots.

Répondre et répéter le mot nous fait oublier sa réalité profonde, si tant est que nous puissions la connaître autrement. Le philosophe Henri Bergson nous apprenait que les choses que le langage décrit ont été découpées dans le réel par la perception humaine en vue du travail humain. Il offrira un regard sur l'évolution des mots : « Ils ne sont plus aussi grossièrement utilitaires. Ils restent utilitaires cependant. »[30]

Sans ces mots, que comprenons-nous ? Certains ne nous rendent pas service. Ils donnent un sens, une carapace, une existence à ce qui est, au-delà de tout, plus inconnu que connu, plus incroyable que croyable, plus incontrôlable que contrôlable, plus subit que choisi, plus inacceptable qu'acceptable. Le penseur Roman Ossipovitch Jakobson soulignera la distinction entre le mot et la chose à laquelle il fait référence[31]. Il y aura toujours un miroir déformant entre le mot et le monde, le même miroir s'entremêle entre le monde physique et le monde digital.

Le mot a le don des grandes choses et des grands hommes, il est reconnu facilement, mais si mal compris. Le mot rassure, il pose et s'impose. Toutefois, il ternit la possibilité d'un émerveillement constant. Oui, bien sûr, ce que je vois, c'est la mer. Oui, évidemment, c'est notre planète. L'évidence est telle pour affirmer que nous sommes des hommes et que nous prenons vie. Mais que sont toutes ces choses si complexes et insaisissables ? Qui pour prétendre les comprendre, comprendre ces instances dans ce qu'elles sont intrinsèquement et non dans leur abstraction de la pensée ou de l'esprit ? Les mots qui vont surgir savent de nous des choses que nous ignorons d'eux nous apprenait René Char.

Personne n'a la prétention de comprendre la complexité des choses et des modèles portés par tous ces mots. Si tous les hommes s'en servent chaque jour avec une facilité étonnante, personne ne se tient à la hauteur de ses mots. C'est bien là que résident toute la merveille et la faiblesse du langage, toute la faiblesse et la merveille de la vie. Notre droit d'admiration sur le monde est partagé et identique. De cela nous sommes égaux. Cette pensée efface d'un seul trait toutes les aigreurs qui pourraient empêcher un homme de crier son

---

[30] Henri Bergson, La Pensée et le Mouvant, Paris, 1934.
[31] Roman Jakobson, Essais de linguistique générale : Les fondations du langage, 1963.

désespoir d'une société qui sera (ou du moins apparaitra), génération après génération depuis des siècles et des millénaires, une dégradation perçue de la sagesse des anciens. La politique, le succès, l'argent, les voyous, les escrocs et les égos, les menteurs, les voleurs, les avares et les tricheurs en ce sens, redeviennent modestement des mots comme les autres. L'homme naïf se couche en les oubliant.

La vie nous apprend l'existence de mots dangereux. La conscience, la vie artificielle, la planète, l'intelligence artificielle, l'avenir ne se prononcent pas sans inquiétudes. Quelle réalité future se posera sur eux ? Il est possible qu'ils soient supplantés par un dernier-né dont j'ignore les lettres, leur ordre et leur sens. Ils feront vibrer tout un monde un moment, à l'image de la Blockchain, de l'ordinateur quantique, du *big data*, du marketing, de l'intelligence artificielle générale, de la finance, du pouvoir et de l'influence. Ils alimenteront les discussions des chaumières et même les comptes en banque de ceux qui en parlent et les pratiquent avec le plus d'habileté. Et puis, finalement, ils deviendront d'une banalité sans nom. Ils redeviendront des mots comme les autres. Peut-être même qu'ils disparaitront.

Ces mots d'artifices ne sont pas les mots des pauvres gens. Est-ce pour cela qu'ils gardent encore les pieds sur terre, pleins de bon sens, là où les mots d'artifices servent à expliquer l'impossible et l'incompréhensible dans la dérive de la raison ? C'est par ce type de feux de mots que pendant des années, l'animal domestique était un bien meuble[32] et que sans aucun étonnement, l'argent continue de travailler. Il aura fallu attendre plus de dix ans pour considérer les animaux domestiques comme des êtres vivants doués de sensibilité. L'argent travaille toujours…

Les mots s'offrent à nous à chaque instant et trop souvent même sans réfléchir, sans les prononcer, sans les penser. Ils nous laissent croire à une maitrise et à un contrôle. Ils s'offrent curieusement de manière quasi égale à

---

[32] Article 528, Modifié par Loi n°99-5 du 6 janvier 1999 - art. 25 JORF 7 janvier 1999 « Sont meubles par leur nature les animaux et les corps qui peuvent se transporter d'un lieu à un autre, soit qu'ils se meuvent par eux-mêmes, soit qu'ils ne puissent changer de place que par l'effet d'une force étrangère », 1999.

l'ignorant et au génie. Suffirait-il d'en avoir plus pour comprendre plus ? À chaque nouveau mot, le mirage est présent. En avoir moins serait regarder le monde sans artifices. Ce serait aussi se poser plus de questions. Nos questions d'enfant sont simples. Pourtant, elles s'effacent derrière les mots. Comme l'acceptation d'une gigantesque ignorance sans fin, l'homme aura finalement délégué son savoir au mot. Une pirouette habile de sagesse, mais il ne le fera pas sans une certaine dose d'erreur, là encore, source d'un ordre à minima intellectuel.

CHAPITRE VIII
Une langue qui perd ses mots
Où il est question du langage numérique.

Nos erreurs les plus communes sont certainement nos fautes de langue. Devons-nous les corriger ou corriger l'orthographe ? Certains linguistes soutiennent que l'erreur ayant une origine légitime, elle nous guide vers l'évolution. En 1931, le linguiste Henri Frei nous offrira une grammaire des fautes[33]. Fautes qui portent un sens et expriment un besoin. Dès lors, l'erreur se traduit comme un signal furtif du futur. William Labov, l'un des fondateurs de la sociolinguistique moderne soutiendra que la faute peut être moteur de l'évolution d'une langue[34]. Une mutation spontanée de certains caractères et une sélection naturelle de la langue sont alors perceptibles, à l'image du vivant.

Si nos mots sont imprécis, nos idées sont pâles et timides et nos phrases inexactes et souvent imparfaites. Nous pouvons tout de même espérer que la bassesse de nos fautes nous élève vers un but, celui de faire des erreurs, celui de pratiquer les idées. Après tout, même les délits se délitent avec le temps. Les lois et les règles évoluent pour rendre inacceptable ce qui était acceptable et acceptable ce qui était inacceptable. Aucune langue ne pense ; mais nul ne pense que dans une langue, que grâce à elle, que contre elle parfois nous rappelait le philosophe André Comte-Sponville[35].

L'expérience de pensée de la chambre chinoise est une autre projection de

---

[33] Frei Henri. La Grammaire des Fautes, 1931.
[34] William Labov. Principles of linguistic change: Social factors. In the series, Language in Society 29. Malden, MA: Blackwell Publishers, Inc. 2001.
[35] André Comte-Sponville, Dictionnaire philosophique, puf, 2001.

cette mesure. Elle imagine un individu ne parlant pas la langue chinoise dans une pièce où il a accès à l'ensemble des règles nécessaires pour construire des phrases en chinois. Celui-ci pourrait faire croire, grâce à ces règles, à une maitrise de la langue vis-à-vis d'un interlocuteur externe, cela alors même que l'individu ne comprendrait pas les phrases qu'il construit. Parler une langue est évidemment bien plus que construire ou comprendre des mots et des phrases. Cette expérience nous alerte sur nos intelligences artificielles qui même si elles savent imiter l'usage des mots, n'en ont aucunement conscience, ni l'expérience. Percevoir le sens, même au travers d'ontologie, de sémantique ou d'analyses mathématiques, ne rend pas compte à nos machines la conscience du sens. Cette image proposée par le philosophe américain John Searle dans les années 1980 révèle la différence notable qui peut exister entre un programme qui imite une intelligence d'un côté et ce qu'est réellement l'intelligence. Seulement, depuis Alan Turing et le célèbre jeu de l'imitation, nous ne savons plus distinguer le vrai du faux.

Qu'a fait de nos langues, le pouvoir du digital ? Pour une langue qui perd ses mots, des milliers de mots perdent leur langue. Des milliers d'orphelins inconsolables. Si le digital apporte un mot, il s'agit d'une maigre consolation pour tous ces sacrifices. Certaines langues ont disparu, d'autres sont devenues invisibles de la cybersphère. Sur l'espace numérique, les langues sont épurées. La sphère digitale ne se perçoit plus qu'au travers de lunettes de plongée du moteur de recherche Google. Elle offre un spectre de vision loin d'être panoramique. La société internationale linguistique estime à près de 7000 le nombre de langues. Cette richesse traduit notre diversité. Parmi celles-ci, plus de 2000 seraient déjà menacées. L'effet du digital est impardonnable. Sur les 10 millions de pages les plus visibles, la grande majorité l'est exclusivement en anglais (plus de 75 %). Seulement 5 % des langues seraient accessibles sur le web et la plupart ne seraient même pas représentées. L'anglais écrase toute autre langue dans cette société 2.0 qui a besoin d'être simple pour être visible, simple pour aller vite. L'image a peu à peu remplacé le mot. Plus convenant et plus adapté à une société numérique qui passe et qui pense vite. La quête de l'influence ne laisse que trop peu de chances aux mots. La surcharge informationnelle de nos milliards de pages web en est certainement l'une des causes. Un choix difficile est à mener entre l'entretien de nos différences d'un côté et le mimétisme opportuniste de l'autre. Ce mimétisme qui nous pousse à envier ce que possède l'autre. En ce sens, les hommes aiment davantage ce qu'ils imaginent en possession d'un autre. Une soif qui s'étenche par nos algorithmes à effacer les différences et pousse nos cultures à se ressembler (l'imitation des affects chez Spinoza), à s'effacer, au point que certains anthropologues se posent la question de l'intérêt de leur science à notre époque[36]. Rassurons-nous et observons de plus près les nouvelles créations linguistiques de notre société numérique. *Leet*, *émoticon* et *smiley* sont nos nouvelles manières de penser.

---

[36] R. Alexander Bentley, The Acceleration of Cultural Change: From Ancestors to Algorithms (Simplicity: Design, Technology, Business, Life), 2017.

CHAPITRE IX
Une langue qui gagne des mots
De nos nouveaux mots et nos nouvelles langues.

Nous gagnons de nouveaux mots et même de nouvelles langues. Ces mots ont été créés au fil des ans et des écrits afin de caractériser la transformation attendue et vécue par notre espèce. Cette modification se note en particulier dans le domaine de la science-fiction et de la futurologie. Des poètes et de grands scientifiques ont positionné dans le langage de leur époque des termes inédits[37]. Ces derniers sont toujours d'actualité et représentent une image des nouvelles perspectives de l'homme. Notons par exemple dans les écrits de Dante, Teilhard de Chardin, Herbert Marshall McLuhan ou Vernor Vinge les termes de transhumanisation (transformation spirituelle, sublimation de l'amour au point de rejoindre le paradis), de point Oméga (point final d'unification de l'univers), de noogénèse (l'émergence de l'esprit humain), de village global (idée que les nouvelles technologies font évoluer le monde en un village planétaire) et de singularité technologique (prévision d'une augmentation fulgurante des savoirs et des technologies). Ce sont les signes captés par écrit d'une évolution pressentie de nos chairs, de nos cultures et de nos esprits. En particulier, la singularité pourrait marquer le déclin des différences entre réalité physique et virtuelle mais également entre l'homme et la machine.

De manière plus anecdotique, l'arrivée des termes geek, buzz (2010), puis tweet (2012), et hashtag (2015) aura mal réussi à compenser la perte de termes historiques ayant mal vieilli. Tirons notre révérence à mâtineau, myrtiforme ou futurition. Accueillons nos langues pirates, *Leet* ou les glyphes *émoticons* et

---

[37] Diana Walsh Pasulka, The Prehistory of the Posthuman, 2017.

autres *smileys*. Nous prônons la diversité des langues. Alors, nous serons surpris d'accueillir le langage *Leet* sur certains réseaux sociaux. Une volonté de séduire les utilisateurs *Geek*, pour mieux les conserver à portée de clavier. Est-ce une bonne nouvelle pour la diversité des langues ou plus justement *357-c3 un3 80nn3 n0uv3ll3 p0u2 14 d1v325173 d35 14n9u3* ? L'homme a souvent mal vécu les occasions de se voir affublé d'un numéro de matricule, quel que soit son sens et quel que soit son objectif. Que devraient dire nos mots qui se voient séparés de certaines de leurs lettres pour y injecter des chiffres n'ayant qu'un sens visuel ? Le langage SMS, bien que purement digital a fait couler beaucoup d'encre. Certains n'y comprenaient rien, d'autres y trouvaient une manière d'être plus simple, plus rapide. Un effet de bord relatif au nombre limité de mots que l'on pouvait transmettre par SMS avec les anciennes générations de téléphones mobiles. Nos mots raccourcis ont trouvé un mode de vie. Ils sont séduisants pour ceux qui sont à la recherche du temps perdu.

Nous nous demandons jusqu'où il est possible de simplifier une langue. À l'extrême, quand toute élégance aura disparu, que restera-t-il ? À la fin, certainement, un grand silence comme au commencement, mais avant, une écriture sans mots et quelques symboles ? Comme un retour dans notre passé. Un pictogramme simplifié pour redonner une pureté digne d'un signal sans attache. Des émotions numériques friables qui ne méritent même plus un mot, plus une phrase. C'est ainsi qu'une nouvelle génération de glyphes a vu son heure arriver. Les fameux émoticons (par exemple 😀, 🌍, 📱). Des images simplifiées de visages aux émotions variées et si pratiques pour transmettre un ressenti. Ces derniers seraient plus adaptés et plus forts que les simples mots vieillissants de notre langue. En tout cas, il est certain qu'ils n'offrent pas la même expérience à la génération digitale. Un succès tellement riche, que la marque à la pomme en faisait un argument de vente de son dernier téléphone pourtant à la pointe de la technologie. Nous aurons peut-être un jour la nostalgie d'une époque où les lettres portaient encore des mots bien posés et choisis.

Aujourd'hui, nos lexèmes sont rappelés à l'ordre des pictogrammes. Pour comprendre jusqu'où nous allons, l'auteur souhaitant encore utiliser des mots sur son smartphone pourra automatiquement les convertir en images plus efficaces. Une suppression des mots sensibles par des images, comme un service rendu. Une illustration d'un monde numérique piloté par l'image, par les apparences. Artifices que l'on saisit au travers de nos écrans. Artifices au détriment du sens.

Le philosophe Michel Serres évoquait l'apparition des technologies de l'information et de la communication comme la troisième révolution anthropologique majeure. Après tout, le langage *Leet*, les *émoticons*, nos mots gagnés et disparus sont peut-être le signal du reflet de nos changements culturels. Un reflet de notre voyage d'une ère traditionnelle à une ère digitale. Un signal de faible amplitude, mais qui révèle ce que pourrait devenir l'homme numérique. L'œuvre de Vladimir Abikh (Figure 6) représente certaines de nos émoticons sur un support surprenant : le grès. L'artiste explique : « Le grès nous a fourni des données sur les civilisations anciennes à travers des millénaires et présentera aux gens du futur l'histoire ultra rapide et virtuelle de notre temps. »

Figure 6 : Une nouvelle génération de glyphes a vu le jour. Une œuvre de l'artiste Vladimir Abikh représentant l'évolution.

Perdre des mots, est-ce réduire notre champ de vision de cette abstraction de la réalité ? Gagner d'autres mots, est-ce ouvrir un nouveau spectre de cette réalité ? Le double sens illustre la double vie qui prend forme. L'amitié, l'amour, la confiance, l'espace, l'intelligence, la mémoire, l'influence, l'identité sont des termes qui ont un nouveau sens pour cette nouvelle image. De nouveaux lexèmes qui nous indiquent que notre image de la réalité est mouvante avec les technologies. Elles écrivent avec de nouveaux mots une nouvelle forme de réel.

Nature numérique de l'homme

CHAPITRE X
Un étrange pouvoir émerge du langage
Où les mots forment bien plus que des phrases.

Les anthropologues ont largement constaté qu'une langue porte la mémoire du temps. Le langage est un symbole de ce que le plus simple peut permettre de créer et de transformer en articulations complexes. De simples phonèmes au nombre limité. Notre espèce articule des mots qui portent un sens et autorise la communication. Un miracle aussi fort que celui porté par la musique et dont les constituantes ne sont que de modestes notes. Notes dont les agencements subtils et organisés peuvent vous offrir une profondeur d'émotion sans comparaison. Nous ne pouvons dresser raisonnablement de liste exhaustive des œuvres qui offrent cette forme de miracle. Je l'ai ressenti pour la première fois grâce à l'œuvre de Franz Schubert — Piano Trio in E flat, op. 100. Ces chefs-d'œuvre illustrent toute la richesse que l'on peut construire sur la base d'éléments qui, séparés, paraissent après tout élémentaires. Un miracle recherché par tous les artistes, mais qui garde un secret semblant inexplicable et non automatisable. Un reflet des raisons qui peuvent pousser des scientifiques à imaginer la conscience émerger de briques assez simples. Une conscience qui pourrait se percevoir comme une double intégration de l'information et des signaux. Une propriété qui émergerait à l'échelle de l'ensemble et que l'on ne peut expliquer simplement à des échelles plus réduites. Une propriété émergente à l'échelle de l'ensemble. À cette image, certaines phrases symbolisent tellement plus que leurs simples termes. Ce pouvoir s'illustre merveilleusement bien dans les premiers vers du poète Louis Aragon, Que serais-je sans toi, dans *le roman inachevé* publié en 1956. Vous y trouverez bien plus que ces mots :

> « Que serais-je sans toi qui vins à ma rencontre
> Que serais-je sans toi qu'un cœur au bois dormant
> Que cette heure arrêtée au cadran de la montre
> Que serais-je sans toi que ce balbutiement »

En plus de porter les émotions, la langue a ce dernier pouvoir, celui de porter l'histoire et le savoir, celui de conter l'histoire des hommes. Nous pouvons affirmer que l'histoire des hommes s'écrit avec l'histoire des langues et inversement[38]. La phylogénie des langues austronésiennes étudiant les liens entre les langues apparentées révèle le voyage pionnier des anciens marins du sol de Madagascar jusqu'à l'île de Pâques.

L'écriture est, elle aussi, une évolution majeure comme le rappelle Stephen Hawking. Sa naissance signifiait que « les informations pouvaient être transmises de génération en génération, autrement que génétiquement via l'ADN. » Le premier passage de l'homme comme un être créateur d'une ressource réutilisable et synonyme de progression, de savoir, de connaissance et d'une science qui ne devra plus s'effacer.

Nous nous sommes extraits peu à peu de nos contraintes d'espace et de temps. Les technologies étendent ces ambitions et de telles possibilités. L'homme veut alors préserver ce qu'il a créé et lui faire dépasser les limites pour lui offrir une chance. Chance de le sauver, chance de se sauver. Le savoir doit désormais atteindre des distances temporelles et des durées spatiales hors normes. La conservation de ce patrimoine est un enjeu clé dans une époque de doute et de transformation.

---

[38] M. Ben Hamed et P. Darlu, Gènes et Langues : une longue histoire commune ? Les Bulletins et Mémoires de la Société d'Anthropologie de Paris, 2008.

CHAPITRE XI
Retour au-delà du temps et de l'espace

Porter notre savoir au plus loin, dans le temps et dans l'espace.

Tout ce qui sort de notre échelle de temps et d'espace appartient à une forme d'au-delà de chacun, d'au-delà de nous, d'éternité. Les frontières nous intriguent, nous dérangent, nous offrent un cadre et nous poussent à la philosophie. La question de l'important est aussi relative qu'universelle. Quel bilan faire de l'humanité, de son savoir, de sa connaissance ? Il serait impossible de choisir raisonnablement quoique ce soit dans l'immensité de nos œuvres. Si notre histoire a fait des choix par mémoire collective, par les écrits, par les sensations, que garder de nous, que transmettre ? Un dilemme auquel si l'on est obligé de répondre, on apporte malgré tout une tentative d'éclaircissement.

Une première réponse a été portée dès 1977 par la surprenante ambition des disques de Voyager. Ce dernier enferme des sons et des images de la Terre sur un disque en cuivre doré recouvert d'aluminium. Parti explorer l'espace, les planètes, il tient sa place au rebord des sondes Voyager. La sonde Voyager 1 se trouve désormais dans l'espace interstellaire. Elle aura contribué en cours de route à l'observation des anneaux de Jupiter, à la découverte de nouvelles lunes de Jupiter et de Saturne. Nous lui devons beaucoup, et pourtant, son ordinateur de bord est ridiculement peu puissant au regard du dernier téléphone à la mode que nous avons dans notre poche. Nous lui devons la magnifique œuvre de Carl Sagan, un point bleu pâle. Le titre de cette œuvre s'inspire de cette photo unique qui à l'époque était la plus lointaine observation de notre Terre (Figure 7). Elle a été prise à une distance de 6,4 milliards de kilomètres de cette dernière.

Nature numérique de l'homme

Figure 7 : Photographie dite « Un point bleu pâle » représentant la Terre et obtenue de l'espace par voyager 1 le 14 février 1990.

En 1994, l'astronome américain en dira long de ce regard de si loin[39] : « Regardez encore ce petit point. C'est ici. C'est notre foyer. C'est nous. Sur lui se trouvent tous ceux que vous aimez, tous ceux que vous connaissez, tous ceux dont vous avez entendu parler, tous les êtres humains qui n'aient jamais vécu. Toute la somme de nos joies et de nos souffrances, des milliers de religions aux convictions assurées, d'idéologies et de doctrines économiques, tous les chasseurs et cueilleurs, tous les héros et tous les lâches, tous les créateurs et destructeurs de civilisations, tous les rois et tous les paysans, tous les jeunes couples d'amoureux, tous les pères et mères, tous les enfants pleins d'espoir, les inventeurs et les explorateurs, tous les professeurs de morale, tous les politiciens corrompus, toutes les superstars, tous les guides suprêmes, tous les saints et pécheurs de l'histoire de notre espèce ont vécu ici, sur ce grain de poussière suspendu dans un rayon de soleil. »

---

[39] Carl Sagan, Pale Blue Dot: A Vision of the Human Future in Space, Random House, New York (ISBN 978-0-679-43841-0), 1994.

Aujourd'hui, la sonde se situe beacoup plus loin de nous. Elle a transformé la vision de Sagan encore respectueuse et optimiste de ce que nous sommes en quelque chose de plus invisible et modeste. Finalement, c'est l'image la plus juste que nous puissions avoir de ce que nous sommes, loin de l'infiniment petit, duquel nous semblons si forts. La sonde Voyager, au fil de son éloignement, de son voyage, nous offre un regard neutre. De là-bas, la vérité se fait voir, et la justesse s'ajuste. Au bout de son chemin, il ne restera plus rien de visible de cette Terre, de notre Terre. Nous ne devinerons plus rien de ce qui existe, de ce qui vit et qui bien trop souvent se fait du souci. Alors, là enfin, peut-être, nous pourrons comprendre ce que nous étions depuis le début. Un grain de rien dans un espace gigantesque, un hasard miraculé du néant. Une espèce au pouvoir créatif inimaginable au point de s'offrir ce cliché impensable. Une espèce qui mériterait peut-être un jour d'être connue d'une autre forme de vie. Une espèce qui peut nous rendre fiers et humbles. Cette sonde nous a réduit et sublimé à ce que nous sommes. Des hommes égaux en ce qu'ils ne sont rien mais portent tout.

Voyager devrait croiser un jour le destin d'une autre étoile. D'ici 40 000 ans. Elle navigue désormais à plus de 22 milliards de kilomètres de La Terre. Cette sonde est l'objet humain le plus éloigné. Dieu seul sait ce qu'il restera de nous quand elle atteindra cette étoile. Au final, peut-être, oui, c'est ce disque qui nous survivra. Mais alors, à quoi avons-nous réduit ce que nous sommes ? Ce que nous savons ? Qu'en avons-nous fait ?

La science répond à ce mystère. Celui de sauvegarder notre patrimoine. Ce patrimoine est à la fois le code et le message envoyé dans l'univers, message dont l'ambition est de résumer ce qui constitue la richesse de notre terre. Cette arche du savoir doit permettre de donner un sens à notre espèce au-delà de celle-ci. Nos technologies font rêver à un savoir qui dépasse notre humanité. Un savoir qui ne se perd pas uniquement dans les mains d'un homme fragile qui risquerait de le laisser tomber.

Nature numérique de l'homme

CHAPITRE XII
L'humanité d'images en mots
Le message porté par une bouteille à la mer cosmique.

Le message envoyé comme une bouteille à la mer interstellaire est signé du 39ème président des États-Unis, Jimmy Carter en 1977. Les mots sont signés à destination d'une autre civilisation : « Ceci est un cadeau d'un petit monde lointain, un gage de nos sons, notre science, nos images, notre musique, nos pensées et nos sentiments. Nous essayons de survivre notre temps afin que nous puissions vivre dans le vôtre. Nous espérons qu'un jour, après avoir résolu les problèmes auxquels nous sommes confrontés, nous rejoindrons une communauté de civilisations galactiques. Cet enregistrement représente notre espoir et notre détermination, et notre bonne volonté dans un univers vaste et impressionnant. »

Pour comprendre le sens de cette tentative, il faut rappeler que l'on cherche désespérément des traces de vie sur d'autres planètes. Nous ne pouvons pourtant nous imaginer seuls, nous ne voulons pas l'accepter et pour cause, les mathématiques nous l'interdisent, au travers de la célèbre équation de Drake. Cette dernière permet d'estimer le nombre de civilisations extraterrestres existant dans notre galaxie et avec lesquelles nous pourrions entrer en contact un jour[40]. Sous un scénario fort, l'équation mènerait à plus de 36 civilisations extraterrestres dans notre Voie Lactée. Un chiffre à prendre avec extrême prudence.

C'est bien à l'inconnu que l'on adresse notre œuvre. En plus d'une bande sonore ont été sélectionnées 116 images, afin de faire parler notre humanité

---

[40] Frank D. Drake Is anyone out there? the scientific search for extraterrestrial intelligence, Delta Book/Dell Pub, 1994.

en quelques clichés. Une tache menée par un comité dédié sous la direction de Carl Sagan. Parmi les secrets les plus importants que renferme ce disque, il est évidemment celui de la vie. Enfin, ce que nous en maitrisons. Dans l'ordre des images, on perçoit l'histoire qui souhaite être comptée à ces extraterrestres, l'essence même au plus simple de ce qui nous fait. Les premières images sont mathématiques, comme un reflet de cette représentation universelle de notre monde et qui aura pour mérite de figer à minima les choses. Elles donnent un référentiel de temps et de taille qui sera présent sur presque toutes les autres images.

Tout commence avec la représentation des atomes essentiels à la vie : l'hydrogène, le carbone, l'oxygène, l'azote, le soufre et le phosphore. Nous les percevons comme les composants premiers constitués d'un noyau et d'un nombre variable d'électrons. Ces composantes sont nécessaires à la vie en même temps qu'elles composent à elles seules presque toutes les formes de vie. Le corps humain par exemple est composé d'oxygène, de carbone et d'hydrogène. Ils représentent respectivement 65 %, 18,5 % et 9,5 % du poids total corporel.

Leurs agencements combinés sont présentés. La molécule et les macromolécules, les bases (nucléiques) de la vie : la thymine, l'adénine, la cytosine et la guanine. Des assemblages astucieux de ces atomes dont la nature de l'apparition sur Terre garde encore des secrets.

Sur les images suivantes, nous comprenons que certaines bases peuvent se maintenir ensemble, grâce à des liaisons hydrogène. C'est ainsi que l'adénine se lie à la thymine et la guanine à la cytosine. Une complémentarité essentielle qui permet à la vie de se dupliquer, à l'information de se transmettre. S'en suit la double hélice, l'ADN. Cette molécule extraordinaire dispose d'un design aussi élégant qu'important pour porter la vie. Des strates de couples de bases s'empilent et s'accrochent les unes aux autres. Nous parcourons ensuite les images de la division cellulaire qui apparaissent en même temps que celles de la réplication de l'ADN. Elles donnent un premier sens à la vie. Elles dévoilent une partie de son secret, une hélice qui se dédouble pour mieux perdurer et reproduire ce qu'elle est. Et puis, l'image d'un humain apparait déjà en coupe. Erwin Chargaff, Rosalind Franklin, Oswald Theodore

Avery, James Dewey Watson, Francis Crick. Des années de recherche et de découvertes regroupées et résumées en quelques images qui en disent long.

L'anatomie est ensuite détaillée, puis les cellules, le fœtus, la naissance, la famille, l'amour et tant d'images simples, mais si essentielles.

Des choses universelles, souvent banales et classiques dans nos vies. Des choses qui sont pourtant uniques et rares quand on les pense en dehors de notre planète, en dehors de nos existences. Il doit y avoir quelque chose ailleurs et c'est à cet ailleurs que l'on envoie l'image de la Terre. Les hommes, la géographie, la botanique, les animaux, la culture, le sport, l'agriculture, l'architecture, la médecine, des scènes de la vie quotidienne, le soleil et la musique.

De ces domaines ont été choisis quelques hommes et quelques œuvres parmi des milliards. Beethoven, l'opéra de Sydney, Andromède, le Soleil, Jupiter, Saturne, la Terre, l'homme et des inconnus de toutes cultures. À ceux-là appartient un semblant d'éternité. Un séquoia, un dauphin, une danseuse de Bali, une maison, la muraille de Chine, le Taj Mahal, le rayon X, le microscope, le Golden Gate, l'ordinateur, les voitures, une ville. Déjà une forme de vertige. Un livre, ou plus exactement une page du très essentiel classique d'Isaac Newton *System of the world*[41]. Si vous ne l'avez pas lu, dépêchez-vous. Des extraterrestres le feront peut-être avant vous ! Un cosmonaute, une fusée, un coucher de soleil, la musique. Toutes ces choses ont un sens juste et précis dans nos vies. Des choses uniques au regard de nos artistes et des observateurs de l'au-delà. Ces choses qui, on le sait aujourd'hui, n'ont que peu de chance de survivre aux côtés de leurs créateurs. Leurs représentations nous survivront sans beaucoup de doute. Peut-être que cela suffira à leur offrir une nouvelle vie, une forme d'éternité en dépassant l'humanité.

---

[41] Isaac Newton, De mundi systemate, 1728.

Nature numérique de l'homme

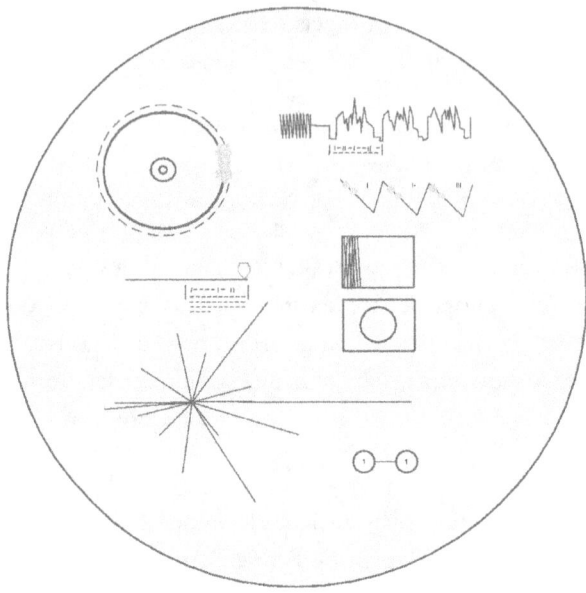

Figure 8 : Image du disque de voyager. Il contient des instructions précieuses nécessaires à sa lecture.

De si loin, le disque nous regarde, mais ne nous voit plus. De l'autre côté, nous regardons le ciel, vers le disque, mais nous ne le percevons plus. Il semble si loin, comme sorti du temps.

Ces choses existentielles existent-elles ?
Maintenant, elles semblent hors du temps
Hors de notre temps
De si loin, il semble ne plus avoir aucun sens
Nous le croyons disparu un instant dans le silence
Dans l'espace
Et puis…
Nous tournons le disque
Le temps réapparait

Il se force d'être partout, même au plus loin, au milieu de rien. Il a eu raison de nous, car pour lire ce disque, il faut une mesure du temps. Nous percevons les instructions de sa lecture sur son recto (Figure 8). Ce temps de lecture qui lui permet d'être compris. Pour en étudier les détails, il faut se référer à la description officielle de la NASA. En effet, dans le coin supérieur gauche du disque se trouve un dessin de phonographe et du stylet qui l'accompagne. Autour de cette illustration en arithmétique binaire est inscrit le temps d'une rotation de l'enregistrement. Le temps apparait donc, mais doit être précisé. La rotation vaut 3,6 secondes. Pour assurer sa compréhension, cette période est exprimée en unités de 0,70 milliardième de seconde, soit la période associée à une transition fondamentale de l'atome d'hydrogène.

Pour refléter encore un peu plus l'importance de ce temps sur cette face de disque, observons sa galvanoplastie. Cette technique d'orfèvrerie qui sert à la reproduction d'objets en utilisant un moule relié au pôle négatif d'une pile et qui se recouvre alors d'une couche de métal. La galvanoplastie sur la pochette du disque est une source ultra-pure d'uranium-238 avec une radioactivité d'environ 0,00026 microcurie. La décroissance régulière de cette source d'uranium en isotopes filles en fait une horloge radioactive. La moitié de l'uranium-238 devrait se désintégrer en plus de 4,5 milliards d'années. Les récepteurs extraterrestres pourraient alors, en examinant cette zone de deux centimètres de diamètre, calculer le temps écoulé depuis que l'uranium a été placé. Pour cela, il leur faudrait simplement mesurer la quantité d'éléments filles de l'uranium 238 restant[42]. Encore une question de temps. Comme si le secret de toute compréhension venait de lui. Un sublime message qui s'est offert à nous en imaginant et en créant ce disque. Le temps est bien à l'origine du tout. Le savoir et la vie reposent et baignent dans ce temps. En dehors, ils n'ont plus aucun sens.

---

[42] Adapté depuis la page The Golden Record Cover, https://voyager.jpl.nasa.gov/golden-record/golden-record-cover/

CHAPITRE XIII
Une arche du savoir
Quand le savoir et la vie s'écrasent sur notre Lune.

Les premières traces du genre *homo* remontent à 2,5 millions d'années. Nous sommes en quelque sorte les vestiges de cette histoire. De quoi avons-nous hérité d'autres ? Les Égyptiens ont réussi dans une quête presque obsessionnelle de l'éternité à transmettre une partie des 3000 ans d'histoire de leur civilisation. Cet exploit a été rendu possible au travers des objets, des écrits hiéroglyphiques gravés sur les murs ou posés sur des papyrus (par exemple le livre des morts), mais aussi des joyaux architecturaux dont la construction garde encore des mystères. J'espère que ces œuvres parcourront encore quelques millénaires supplémentaires. Elles savent se cacher des hommes pour mieux se conserver. En comparaison, nos hommes modernes et numériques semblent parfois de modestes contributeurs à des empires virtuels, qui s'effacent en un clic.

Protéger le savoir et assurer la persistance de notre connaissance est une tâche lourde de symboles et d'importance. En particulier quand on espère lui faire dépasser le temps et surmonter l'espace. Nova Spivack est le cofondateur de l'organisation *The Arch Mission Foundation*[43]. Sa mission est simple : assurer la préservation de la connaissance humaine, l'assurer face au risque grandissant que porte *homo sapiens* sur lui-même et sur la planète. Préservation imaginée au mieux et au plus loin dans le temps. Les solutions envisagées sont multiples et ne se limitent pas à un lieu de stockage sur Terre. Pour la préservation, d'autres astres du système solaire sont envisagés. La Lune en fait partie. L'entrepreneur américain confie : « Notre travail est la sauvegarde

---

[43] https://www.archmission.org/

matérielle de cette planète. Notre rôle est de nous assurer que nous protégeons notre patrimoine. À la fois nos connaissances et notre biologie. Nous devons en quelque sorte planifier le pire. »

Pour assurer cette mission, dans la lignée du disque de Voyager, une équipe a travaillé à l'élaboration de 25 disques de nickel. Ces derniers peuvent résister à plus de mille degrés et ne s'altèrent pas au contact des rayons cosmiques. Ils semblent prêts pour le passage du temps. Ils resteraient lisibles après plus de 14 milliards d'années. Un différentiel qui fait se demander à quoi servent nos mots qui s'effacent à peine posés sur un bout de papier ou un coin de digital. Toutes les autres œuvres semblent, d'un seul coup, irrésistibles et si fragiles. Peut-être est-ce finalement cela qui leur donne un sens, une sensibilité ?

Plus qu'une pierre, symbole de la ruine du passé, plus qu'un débris, symbole de l'écroulement, plus qu'un bruit sortant du silence. Il restera de lui quand il ne restera plus rien. Comme si le toucher nous réduirait instantanément en état de cendre. Pour se faire une idée de ce parfum de temps, rappelons que la Terre à 4,543 milliards d'années et qu'elle cessera d'être habitable d'ici 1,75 à 3,25 milliards d'années[44]. Ne parlons pas de notre passage, de votre passage et du mien. Ils ne valent même pas un claquement de doigts.

Une version de cette arche de nickel fut embarquée dans la sonde spatiale SpaceIL Beresheet en 2019. Beresheet dont le nom symbolique correspond au premier mot de la bible signifiant « au commencement ». Il est profond de sens et s'associe aux termes bara (il a créé), berit (l'alliance), et shit (le fondement). Cette sonde fut placée en orbite le 22 février 2019 par la fusée Falcon 9 de SpaceX. L'une des nombreuses entreprises fondées et dirigées par l'entrepreneur à succès Elon Musk. Le 4 avril, la sonde est cette fois placée sous orbite lunaire.

L'arche comporte 30 millions de pages Wikipédia, mais également d'autres

---

[44] Catling, D. C., Krissansen-Totton, J., Kiang, N. Y., Crisp, D., Robinson, T. D., DasSarma, S., et al.. Exoplanet Biosignatures: A Framework for Their Assessment. *Astrobiology*, *18*(6), 709–738, 2018.

formes de savoir et d'information. C'est peut-être bien cela notre contribution majeure de ce siècle, une encyclopédie collaborative en ligne et plus complète que jamais. Une œuvre digitale pour remplacer les autres : les temples, la grande muraille, les cathédrales, les pyramides, les peintures rupestres. Notre dernière œuvre a un avantage considérable, c'est une œuvre mobile, légère, qui peut se répliquer sans effort. Quelques attributs communs avec la vie qui peut-être lui permettront de survivre aussi longtemps ?

Le disque contenait des briques de la vie. Des échantillons d'ADN humains ont été ajoutés au dernier moment ainsi qu'un ensemble de petits êtres bien particuliers. Les tardigrades ou oursons d'eau (Figure 9). D'un peu plus d'un millimètre, ces marcheurs lents sont des eucaryotes très résistants. Ils peuvent survivre dans des conditions extrêmes grâce à leur talent de cryptobiose. Figeant totalement leur état en l'absence d'eau, cet extrémophile se régénère dans des conditions favorables. En laboratoire, on les a observés jusqu'à neuf ans dans un état de cryptobiose. Solide au point de vivre en Himalaya et même de survivre dans les glaces profondes. Nous ne leur connaissons pas vraiment de limites. C'est finalement peut-être sa présence qui a permis au disque de résister.

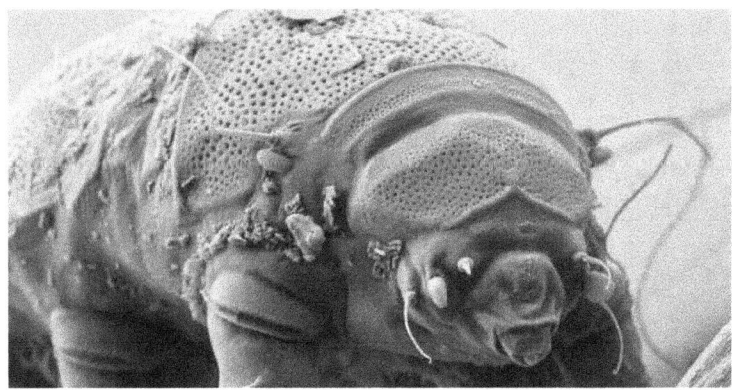

Figure 9 : Le tardigrade est une espèce extrémophile.

Dans les derniers jours avant le lancement, il a été décidé de l'intégrer au disque. Précisément entre les 25 disques, de la résine encapsule les petits êtres. Quelques milliers de tardigrades emprisonnés, mais ayant finalement pour effet de rendre plus robustes les strates de nickel. Un détail qui a son importance, car dans sa tentative d'alunissage, l'explorateur privé israélien finira par s'écraser le 11 avril 2019 sur le sol lunaire. La mission est un échec, il est détruit, mais l'arche a peut-être survécu. Cet ajout de dernière minute a permis de consolider les disques. Les scientifiques sont confiants sur les chances d'une bibliothèque lunaire intacte.

Ce projet révèle la volonté de l'homme d'offrir à son savoir une quête d'immortalité. Adresse-t-il se savoir à lui-même ou à une forme de vie extraterrestre ? En retenant la seconde hypothèse, la prudence serait de mise.

En 2015, Yuri Milner et Stephen Hawking ont encouragé la recherche de formes de vie extraterrestre au travers du programme *Breakthrough Initiatives*. En particulier les programmes *Breakthrough Message* et *Listening* visant à écouter les messages qui proviendraient de l'espace et à en transmettre[45]. L'objectif est de construire des messages qui pourraient être lus par une civilisation avancée. Nous sommes alertés cependant au sujet du risque de répondre à un éventuel message : « Nous devons nous garder de répondre jusqu'à ce que nous ayons développé un peu plus loin notre technologie. Rencontrer une civilisation plus avancée, à notre stade actuel, pourrait être un peu comme les premiers habitants d'Amérique rencontrant Christophe Colomb. »

Pour aller plus loin, il faudrait faire encore plus petit qu'un disque, plus léger. Une nouvelle fois, la vie nous apporte une solution.

---

[45] Rachel Feltman, « Stephen Hawking announces $100 million hunt for alien life », Washington Post, 20 juillet 2015.

CHAPITRE XIV
La donnée nous survivra
Où l'on souhaite faire perdurer le savoir différemment.

Si nous ne pouvons pas vivre éternellement, pouvons-nous faire vivre ce rêve à nos données ? Après tout, nous sommes peut-être, comme certains le pensent, information et rien d'autre. Si les solutions de conservation de l'information digitale existent et sont largement utilisées. Que pourrons-nous transmettre à nos descendants ? Une clé USB, un disque dur, une puce RFID, une bande magnétique, un code d'accès au cloud, un compte de réseau social ou alors de manière plus surprenante et pourtant si naturelle, quelques grammes d'ADN[46]. Cette option n'est pas utopique et l'idée d'exploiter, de programmer la matière organique pour stocker l'information est à la base même de la vie, de son sens mais aussi de nombreuses innovations technologiques. Cette démarche a été validée expérimentalement en encodant les données numériques (un fichier informatique) avec les quatre bases nucléiques (Figure 10). La synthèse de l'ADN correspond à l'écriture de la donnée, et le séquençage à la lecture. Si le cout de la procédure de synthèse est encore très élevé, les avantages sont également importants. Quelques grammes d'ADN seraient capables de stocker un exaoctet (10^{18} octets) de données. De cette manière, toutes les données jamais collectées sur le digital pourraient occuper quelques mètres carrés seulement.

Autre avantage, les données seraient conservées intactes des centaines, des milliers, voire plus d'un million d'années. La durée de conservation maximale de l'ADN est estimée à 1.5 million d'années dans les conditions idéales de

---

[46] Molecular Biology Reports, Volume 45, Issue 5, pp 1479–1490, Trends to store digital data in DNA: an overview, 2018.

température. Ces échelles de temps représentent un rêve d'éternité pour une informatique et un homme éternellement jeune et volatile.

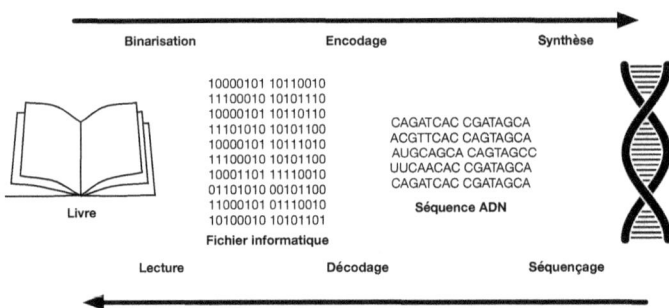

Figure 10 : Processus d'écriture et de lecture d'un contenu numérique sur un support organique : l'ADN.

L'ouvrage *Regenesis* de George Church a été synthétisé en ADN, puis séquencé pour en récupérer son intégralité. La démarche a été éprouvée sur de nombreux cas, y compris sur des bactéries vivantes[47]. S'il avait été envisagé de fournir avec chaque ouvrage un brin d'ADN, l'idée a ensuite été abandonnée pour des raisons éthiques.

En 2017, un petit film en noir et blanc a été encodé sous forme d'ADN dans des cellules vivantes, puis lu à nouveau avec succès[48]. Le diamètre de la macromolécule est d'à peine plus de deux nanomètres et les paires ne sont séparées que par 0,33 nanomètre. Cette pellicule est donc la plus petite de l'histoire.

Le neuroscientifique Seth Shipman a utilisé la formule suivante pour qualifier nos ambitions en génie génétique : « Nous voulons transformer les cellules en historiens. » Cette affirmation est maintenant plus juste que jamais.

---

[47] Shipman SL, Nivala J, Macklis JD, Church GM. CRISPR-Cas encoding of a digital movie into the genomes of a population of living bacteria. Nature, July 12, 2017.
[48] Une vidéo accompagnée d'autres explications est consultable au lien ci-dessous. Movie Replayed From Living Cells' DNA Debuts Molecular Recorder,
https://www.youtube.com/watch?v=gK3dcjBaJyo

Toutefois, c'est peut-être le rôle qu'elles avaient depuis le départ.

Une convergence s'observe entre les deux modes de transmission d'informations jamais utilisés par l'homme dans sa grande histoire : le matériel génétique d'un côté, seule manière à très grande échelle de temps de transmettre, et le savoir par l'écriture, approche moderne de la transmission sous un autre format. Des deux œuvres, celle de la nature semble toutefois encore la plus immuable et optimale.

Nature numérique de l'homme

CHAPITRE XV
D'Alexandrie à un timbre-poste

Où l'on réduit le savoir à un timbre-poste.

L'accès et la numérisation de la connaissance sont une source de richesse exceptionnelle. Un manuscrit d'un autre siècle ou de plusieurs millénaires trouve sa place sur le web au même titre que les actualités d'une journée venant à peine de se terminer. L'un dont l'importance, la mémoire, l'effort de conservation s'appuie sur des millions d'hommes, une œuvre incontestable et respectée de tous ; l'autre valant à peine un effort de lecture.

> Chaque jour se remplit d'une information dont le sens disparait au quotidien.
> Ces nouvelles se renouvèlent si vite au point d'être vieillies à peine prononcées.

Les unes trouvent place dans nos musées, nos bibliothèques, les autres dans nos boites à images.

Il faut remonter le temps pour comprendre l'effort requis pour constituer un espace de savoir. La bibliothèque d'Alexandrie est l'un des joyaux disparus de notre planète. Elle avait la sublime ambition de regrouper en un même lieu l'ensemble des ouvrages de la civilisation grecque de l'époque. Merveille imaginée par Ptolémée I Sôter, au IIIème siècle avant notre ère et dont la mission fut confiée à Démétrios de Phalère, disciple d'Aristote. Cette dernière regroupa à son âge d'or jusqu'à plus de 700 000 volumes. Un travail de titan (Τιτάν) pour collecter et organiser les textes et manuscrits. Loin de notre société de l'information, la société se voulait accéder avant tout et surtout au savoir. Cette bibliothèque avait déjà un point commun avec nos encyclopédies numériques, elle rendait accessible l'information en la mutualisant et en la regroupant dans des emplacements dédiés. Aujourd'hui, le web s'offre le même luxe, il mutualise des informations, presque toutes les informations. Elles sont par contre devenues ubiquitaires, produites et accessibles depuis tout emplacement de la planète. Nos informations ne sont plus uniquement issues de savants. Elles sont le produit de chacun de nous à chaque instant. En conséquence, nous sommes embarqués dans une masse qui nous mène à une surcharge informationnelle ou infobésité.

> Se tenir informé n'est pas synonyme de connaissance ni de sagesse.
> Une société de savoir n'est pas qu'une société informée.
> Une société informée n'est pas une société savante.

À l'époque, la préciosité de l'information se devait à sa rareté. C'est bien cela qui choque au regard des millions d'ouvrages édités chaque année, au point même que l'on a vu l'apparition de machines et de logiciels à roman. Au même point qu'une information incertaine et infidèle produite par tous et à chaque instant peut être prise comme vérité.

J'aime penser aux époques où le savoir était une quête et consulter un manuscrit une conquête. Le respect de l'écriture était associé à la préciosité, partir à la recherche d'un manuscrit dans l'espoir de le trouver, fournir des efforts pour accorder au savoir sa noblesse d'apprentissage se formant par la mémoire. Il ne s'agissait pas de rendre ludique et sensationnelle une ressource devenue trop banale pour mériter l'intérêt des apprenants. Soyons optimistes, si nos bibliothèques digitales disparaissent, ce ne sera pas dans un incendie.

Nous avons désormais accès à de nouveaux supports et de nouveaux formats. Depuis l'invention de l'écriture il y a environ 5000 ans, l'homme n'a cessé de poser sur toutes les formes de support ses idées, ses dessins, ses symboles, ses glyphes, ses syllabes, ses mots et ses histoires, ses croyances et ses craintes. Sur des murs de grottes, de la pierre, de la terre mouillée, du papyrus, sur du bois, des semi-conducteurs, de l'ADN et des atomes. Il n'a eu de cesse de vouloir garder une trace de ses œuvres, de ses images, de ses écrits. C'est son œuvre à la fois fictive, mythique, réaliste et scientifique à laquelle nous devons tous nos chefs-d'œuvre. La Bible, l'encyclopédie, nos milliers de classiques de Tite-Live à Chateaubriand auront fait progresser d'une certaine manière l'homme et sa mémoire. L'une des tâches les plus longues, louables et permanentes de cette activité humaine se cache dans les livres. Ces livres, précisément tous ceux jamais créés, se tiendront bientôt tout petits sur un support de la taille d'un timbre-poste. Toute notre histoire faite de nos histoires qui jadis remplissaient de monumentaux monuments aussi grandioses que chargés, tous, de la pierre de Rosette au dernier *bestseller* américain, tous pourront maintenant trouver place dans un espace pas plus grand qu'un timbre. Comment est-ce possible ? Les scientifiques ont réalisé une mémoire numérique à l'échelle atomique. En voici les détails. Elle n'est pour le moment robuste que jusqu'à 1 kilooctet. Les chercheurs ont utilisé un tableau de lacunes de surface individuelles dans une surface Cu (100) à terminaison chlore[49]. Grâce à ce processus au plus près du plus petit de ce que l'on sait travailler, cette mémoire ne réduirait pas en poussières, mais en atomes tous les écrits du monde. Sous cet angle, je ne saurais imaginer le volume d'informations que l'on peut mettre dans l'univers, ou plus simplement, le volume d'informations que contient (calcule ?) l'univers. Avec une telle échelle de stockage, un jour peut-être, chacun disposera de ce savoir, non plus dans les bibliothèques, ni sur le digital, mais directement dans sa tête augmentée.

Si l'univers sous son angle cosmique paraissait inimaginable, sous son angle atomique, il est immensément impensable. Nous comptons 10^{14} atomes dans une cellule humaine et entre 10 000 et 100 000 milliards de cellules chez un humain. Il n'y a rien de moins que 10^{50} atomes sur Terre, et nous n'avons pas la place ici pour écrire son nombre dans l'univers. Dans une métaphore de l'homme comme information, Stephen Hawking propose une comparaison du volume d'informations contenues dans nos livres et dans notre patrimoine génétique : « La quantité totale d'informations utiles dans nos gènes est probablement de cent-millions de bits. […] En revanche, un roman de poche

---

[49] Kalff, F., Rebergen, M., Fahrenfort, E. et al. A kilobyte rewritable atomic memory. Nature Nanotech 11, 926–929, 2016.

pourrait contenir deux-millions de bits d'informations. Par conséquent, un humain équivaut à une cinquantaine de livres d'Harry Potter [...] La quantité d'informations transmises dans les livres ou via internet est 100 000 fois plus élevée que dans l'ADN. »[50]

Un grain de sable dans le désert ou une goutte d'eau dans l'océan pourraient bientôt se montrer fiers face à nos manuscrits et à nos livres. Si importants soient-ils, bientôt, ils seront posés sur un presque rien d'atomes dans l'univers. Il me semble que chacun demeure sereinement à sa place, à son échelle et à son niveau d'importance. La goutte d'eau a pourtant ceci de rassurant tel que le remarquait le poète et philosophe Khalil Gibran : « Elle renferme les secrets de tous les océans. »[51] Un simple atome contient alors peut-être le secret de tout l'univers ? Un seul homme, ou bien deux, le secret de l'humanité ?

Si notre technologie donne parfois l'impression d'un pouvoir presque complet et d'une maitrise des choses, n'en oublions pas notre éternelle ignorance.

---

[50] Stephen Hawking, Brief Answers to the Big Questions, Hodder & Stoughton, 2018.
[51] Khalil Gibran (1883-1931), auteur du Prophète.

CHAPITRE XVI
De ce que nous ne savons pas
Quand ce que nous savons fait oublier jusqu'à notre ignorance.

Les questions les plus importantes donnent l'impression de toujours rester sans réponses. Chaque pas qui repousse l'inconnu mène vers un nouvel inconnu. Plus on a vu au cœur de la matière et plus de mystères on y a découvert.

Les plus grands océanologues vous diront qu'ils en savent si peu de l'océan. Le biologiste vous affirmera que la vie est une œuvre complexe et pas totalement comprise, loin d'être maitrisée. Notre planète cache des mystères pour tous les scientifiques du monde. Tous ont un point commun, ils sont humbles de leurs années de sagesse et de connaissance ayant finalement compris que cette dernière était et resterait éternellement partielle. Elle représente un presque rien au regard de l'objet qu'elle aura pourtant sans cesse et constamment cherché à étudier. Ni un biologiste ni un physicien ou un romancier ne seront d'une aide suprême.

De Leucippe et Démocrite à Erwin Schrödinger en passant par Dalton, Aristote, Michael Faraday et Ernest Rutherford, les hommes de sciences ont toujours voulu en savoir plus de ce qui nous entoure et qui tourne avec nous dans ce grand manège. Le physicien Werner Karl Heisenberg nous obligera à nous arrêter pour constater l'incertitude au cœur de la matière. Quand vous vous approchez du petit, de la particule, il faut admettre une part de doute. La quantité de mouvement et la position sont associés dans une même indétermination. Essayez de déterminer la position d'une particule, et son mouvement semble partiellement vous échapper. Essayez de capter son mouvement, et sa position semble partiellement vous dépasser. Ce n'est pas une question de matériel, il faut accepter l'incertain : le principe d'incertitude de Heisenberg.

Une autre image est celle de l'entropie. Cette mesure de l'ordre thermodynamique nous oblige à accepter le désordre. Ce désordre est donc notre nouvel ordre. Nous ne pouvons pas réduire l'entropie d'un système isolé qui ne fait qu'augmenter. Il s'agit du second principe de la thermodynamique. Le physicien Roger Penrose en fera une réalité plus universelle. Le monde se complexifie à chaque instant. Quand le temps avance, l'entropie avance. Sommes-nous entrés dans le siècle de la complexité ? Complexité qui en augmentant semble mettre en évidence de manière encore plus saillante notre sublime ignorance.

Le quantique fait rêver, l'univers fait rêver. Ce que l'on découvre en cours de route est si beau que l'on s'y arrête et l'on s'y démène. Qu'en savons-nous au fond au regard de ce que nous sommes ? Comment deux particules peuvent-elles savoir si elles doivent s'attirer ou se repousser ? Si le savoir accumulé offre des bibliothèques solides et gigantesques de choses à apprendre, et si ces choses sont sans cesse mieux comprises, mieux maitrisées et si sérieuses, nous n'en maitrisons que très peu. Nos réussites sont modestes. Notre exploit de gagner quelques années de vie, notre exploit de voler un peu haut, celui de penser grand, toutes ces découvertes finalement ne nous dictent pas d'où nous venons et où nous allons.

Nous savons que l'univers est constitué majoritairement de matière et d'énergie noires. Plus de 95 % de ce qui nous entoure est concerné, ce n'est pas un détail. Leurs natures même nous sont inconnues et leurs existences restent hypothétiques. Nous appartenons aux quelques pourcentages restants qui constituent le reste : les planètes, les étoiles, notre planète, le vivant. De ces substances nous ne savons pas beaucoup plus. Il faut quasiment accepter l'incertain de l'infiniment petit à l'infiniment grand.

À l'image des découvertes phares d'Albert Einstein, dont beaucoup de scientifiques s'accordent à dire que sans un tel génie, certaines trouvailles n'auraient peut-être pas été faites à l'heure actuelle, tout peut-il s'éclairer d'un seul coup ?

Certains physiciens dans la quête de l'univers intelligent pensent que tout est lié (par exemple à l'information). La réponse est-elle proche ? Saurons-nous un jour prédire le comportement de chaque homme par les lois déterministes de la physique ? La quête est incertaine, mais pour espérer une loi qui les englobe toutes, elle nous englobera forcément sur son passage. Elle englobera notre inconscient, notre conscient, nos actions, la matière, l'antimatière, le visible, l'invisible, la vie et la mort. Stephen Hawking en parlait de la manière suivante : « Une théorie complète, cohérente et unifiée ne serait que la première étape : notre objectif est une compréhension complète des évènements autour de nous et de notre propre existence. »

Nous savons que d'ici 10 000 ans, la supergéante rouge Antarès devrait exploser en supernova. Nous savons que d'ici 600 millions d'années, aucune éclipse solaire totale ne sera visible de la Terre à cause des forces de la marée. Nous savons que les étoiles cesseront de naitre dans un peu plus d'un milliard d'années. Au milieu de notre connaissance, alors même que j'écris, je ne sais parfois quel mot viendra succéder au prochain. Un paradoxe des échelles, du connu et de l'inconnu. Même à ce sujet, la théorie de l'information de Claude Shannon pourrait tenter de prédire la succession de mes lettres et de mes mots.

Nous n'avons jamais mis autant d'esprits à travailler sur le même chemin pour comprendre l'enjeu, pour découvrir les règles du jeu. Il est certain que notre connaissance s'accélère. Que révèlera-t-elle et quand ? Arriverons-nous à un mur semblable à celui de Max Planck[52] ? À un horizon des évènements ? Malgré un roman du tout[53], Jean d'Ormesson n'aura finalement pas pu apporter les réponses attendues par sa très chère Marie. Nous lisons en quatrième de couverture de l'œuvre *Un jour je m'en irai sans en avoir tout dit*[54], les mots suivants, beaux, honnêtes et réalistes sur l'ignorance qui nous berce tous, même après avoir fait le plus sublime tour des choses : « Ce que je voulais savoir, je ne le sais toujours pas. Ce qui va nous arriver, et à toi et à moi, dans quelques années à peine, ou peut-être même demain, quand le

---
[52] Le mur de Plank est décrit comme l'instant à partir duquel nos modèles standards ne permettent plus de connaître ce qui précède.
[53] Jean d'Ormesson, Presque rien sur presque tout, Gallimard, 1995.
[54] Jean D'Ormesson, Un jour je m'en irai sans en avoir tout dit, Robert Laffont, 2013.

temps sera écoulé de notre passage sur cette Terre, m'est toujours aussi obscur. Je t'ai souvent entendu dire que tu souhaitais écrire des livres qui changent la vie des gens. Tu n'as pas changé grand-chose à la fragilité passagère et si affreusement menacée de mon amour pour toi. »

L'existence précède l'essence ou lui succède-t-elle ? L'ignorance précède l'existence ou lui succède-t-elle ? Pris dans un élan technologique, nous oublions notre fragilité, mais aussi tout ce que nous ignorons. Pourtant, toutes les sciences nous montrent à quel point un espace et un temps gigantesque à découvrir sont toujours devant nous. Cette position d'ignorant est offerte même aux plus sages. Elle pousse humblement à continuer notre quête. Dans cet univers d'ignorant savoir, quelle est la place de la technologie et la place du digital ? Quelles images de chacun et du numérique pouvons-nous porter au milieu de notre espace de connaissance et d'abstraction ?

CHAPITRE XVII
Comment placer le digital dans ces images du savoir ?
Où les mondes se complètent et se mélangent.

Nous avons vu que notre savoir est un reflet, si ce n'est de notre ignorance, de notre interprétation de la réalité avec et au travers de nos artéfacts et technologies. Un encodage formel d'une réalité avec laquelle on ne peut traiter que par des actions, des équations, des chiffres et des mots. C'est cette abstraction qui nous a permis de nous démarquer des autres espèces au travers de la pensée consciente et de l'intelligence. Ainsi, l'allégorie de la caverne de Platon est universelle. Si nous ignorons presque tout, nous avons le pouvoir de presque tout imaginer et de concevoir ce qui en soi nous surpasse. Ces interactions entre un monde physique tangible régi par des lois empiriques et nos représentations ont occupé la vie des hommes dès le début de leur existence (par exemple avec l'art primitif). Les mythes, les sciences, le savoir ont progressé par ce jeu de double, ce double je. Tandis que nous ne maitrisons que très peu de ces échanges et des passages d'un monde à l'autre, un Nouveau Monde apparait depuis quelques années, le digital ou numérique.

Quelle place peut-on alors concevoir pour ce qui semble être un nouveau monde ? S'agit-il d'une simple technologie ou d'un espace à part ? À part, mais bien en échange permanent avec notre forme de réalité. Les concepts identiques s'entendent différemment en fonction des espaces. Nous avons noté, l'amitié, l'influence, la réputation, l'information, la mémoire, la réalité même qui devient virtuelle ou augmentée.

Le développeur Tim Bray défendait une vision de l'homme en lien direct avec les technologies au point que nous ne sommes plus tout à fait les mêmes. Considérer les hommes comme de simples utilisateurs serait une vision obsolète qui oublie que les technologies changent l'homme. Il est alors utile de défendre l'usage d'un concept plus proche d'un humain numérique pour illustrer cet état de fait. Il y aurait possiblement une nouvelle nature numérique à venir.

Le terme, comme l'indiquent de nombreux personnages clés du paysage digital français, supposerait un passage d'un état physique à un autre plus virtuel. Il supposerait l'existence d'un monde nouveau, un niveau d'abstraction supplémentaire. Cet espace pourrait apparaître comme un simple miroir presque identique ou même appartenant (s'ajoutant) aux modèles existants. Il n'en reste pas moins qu'il complexifie nos représentations et enrichit nos possibilités. À cette image, il apporte aux informaticiens des langages, même un langage orienté objet où les programmeurs manipulent des objets par leurs noms et leur font accomplir des tâches. Une abstraction réaliste de notre monde physique si bien que nos systèmes d'information n'ont d'autres objectifs que d'accompagner les entreprises dans leurs missions bien ancrées dans la réalité. Ils mélangent les dimensions sociologiques et techniques et impactent sur le monde physique qu'ils modélisent et représentent au travers de la même ressource importante : l'information.

Il est d'actualité de penser que notre monde numérique puisse nous conduire à un pouvoir, sans précédent sur le monde réel. Ils partageraient la même essence. Mon numérique qui permettrait à l'homme d'imaginer modifier le domaine de réalité en son essence. Si une nouvelle forme de vie émerge, qu'elle soit ressuscitée par génie génétique ou qu'elle soit purement artificielle, pourra-t-on lui dénier une réalité physique ? L'information pourrait unir les trois visages de la perception, ou nous éclairer sur l'existence unique de la réalité. Certains physiciens sont convaincus, l'information est la ressource, la réalité et en même temps la métaphore même de toute réalité, les mathématiques son contours.

Aux frontières du savoir, et grâce à ce relief supplémentaire, s'ajoutent de nouvelles images que font de notre monde les artistes. Nous pouvons rêver notre art et faire rêver par notre art. Est-ce en cela le plus essentiel ? L'art est sur notre route un parfait complément à la quête de l'homme vers la sagesse. André Comte-Sponville nous indique même « Shakespeare, Rembrandt ou

Beethoven nous ont plus éclairés, sur l'homme et sur le monde, que la plupart de nos savants. » L'art comme un reflet et une sublimation de notre création est lui aussi en grand bouleversement. Nos technologies et nos sciences lui ont offert de nouvelles perspectives et de nouveaux terrains à investiguer. Les limites apparentes ont été effacées et la beauté de la création touche au miracle.

Nous retrouvons dans l'ouvrage *micrologus*, la manière dont la musique a pris sens à partir du son des marteaux. La science et l'art se retrouvent alors dans la découverte de Pythagore que nous avons évoqué au travers de ses lois : « Un certain Pythagore, grand philosophe, voyageait d'aventure ; on arriva à un atelier où l'on frappait sur une enclume à l'aide de cinq marteaux. Étonné de l'agréable harmonie qu'ils produisaient, notre philosophe s'approcha et, croyant tout d'abord que la qualité du son et de l'harmonie résidait dans les différentes mains, il interchangea les marteaux. Cela fait, chaque marteau conservait le son qui lui était propre. Après en avoir retiré un qui était dissonant, il pesa les autres et, chose admirable, par la grâce de Dieu, le premier pesait douze, le second neuf, le troisième huit, le quatrième six de je ne sais quelle unité de poids. Il connut ainsi que la science de la musique résidait dans la proportion et le rapport des nombres. Que dire de plus ? En mettant en ordre les notes d'après les intervalles dont on a parlé, l'illustre Pythagore fut le premier à mettre au point le monocorde. Comme ce n'est point lasciveté qu'on y trouve, mais une révélation rapide de la naissance de notre art, il a rencontré un assentiment général chez les savants. Et cet art s'est peu à peu affirmé en se développant jusqu'à ce jour… »[55]

---

[55] Guido d'Arezzo, Micrologus, 1026.

Résumé de la section

L'homme est pris dans un paradoxe du temps où il semble malgré lui appartenir à un présent qui ne lui offre que des images furtives du passé. Il est installé au milieu d'un présent en mouvement, comme un symbole de l'instabilité portée par son environnement, mais aussi par lui-même. Dans une quête de stabilité et comme pour traverser le temps et l'espace, il s'est offert une quête, un pouvoir. Ce pouvoir est celui de construire un savoir capable de perdurer et d'expliquer ce qu'il y a de plus impensable au monde : l'univers, ce qui le compose et les lois qui s'y appliquent.

Dans cet exercice de compréhension et de création d'une ressource à partager, l'homme va avoir recours à des métaphores de différentes natures. La première est scientifique. Celle qui représente le monde avec des chiffres, avec des symboles, des équations. Cette métaphore est extraordinairement juste, ce qui continue de surprendre. Cependant, la lecture du grand livre de la nature reste à jamais incomplète. Une autre métaphore plus imagée et artistique est celle du mythe. Ce mythe est le reflet d'une croyance et non d'une vérité absolue, mais il porte en lui une réalité perceptible.

Les deux métaphores se complètent et offrent a l'homme une richesse d'interprétation et de compréhension du monde qui séduit les penseurs, scientifiques, philosophes et artistes. Elles sont cependant fragiles et portent des paradoxes. Comment l'ordre peut-il naitre du désordre ? Comment une erreur peut-elle générer une progression ? Comment le mythe reflète-t-il la réalité ? Comment une science peut-elle être une forme de savoir déformée ?

La langue en est un symbole fort. Elle évolue avec les hommes, avec les technologies. Elle disparait même par moment. Cette métaphore primaire du sens nous tend un piège. Celui de ne plus chercher l'essence au cœur des choses pour en préférer leur sens commun.

Il est intéressant de noter que nous avons des symboles naturels d'artéfacts capables de dépasser le temps. C'est désormais l'objectif de la science que de continuer à contribuer au savoir et à sa préservation, celui de sauvegarder notre patrimoine. Ce patrimoine est à la fois le code et le message envoyé dans l'univers au travers de ce que nous sommes, de ce qui constitue la vie et l'ADN. Une arche est envisagée, celle-ci doit permettre de nous dépasser et de donner un sens à notre espèce au-delà de celle-ci. Les technologies permettent d'y rêver, de rêver à un savoir qui dépasse notre humanité, un savoir qui ne se perde pas uniquement dans les mains d'un être fragile. Un savoir qui peut se réduire jusqu'à l'atome sans pour autant disparaitre.

Pris dans cet élan technologique, nous oublions notre fragilité, mais aussi tout ce que nous ignorons. Toutes les sciences montrent à quel point un espace gigantesque à découvrir est toujours devant nous. Cette position d'ignorants nous pousse à continuer notre quête.

Au milieu de nos représentations, quelle place offrir au monde numérique et technologique ? S'agit-il d'un simple outil de partage et de mémorisation ? Peut-il changer notre perception de la réalité jusqu'à notre réalité même ? Les physiciens s'interrogent sur la possibilité d'un univers dont les briques fondamentales sont l'information. Peut-on alors voir émerger une jointure du monde physique, digital et abstrait ? Une nature numérique. La manipulation de la vie, la manipulation des atomes, la création des ordinateurs quantiques, l'intelligence artificielle offrent des pistes de réflexion et d'action. *Homo sapiens* semble bénéficier d'une nouvelle liberté et d'une opportunité unique de penser et d'appréhender le monde. Cette liberté passe par une nouvelle manière d'exprimer et de concevoir notre art. L'art, ce vecteur d'expression inépuisable constitue la suite de notre quête.

Les nouveaux ArtIstes

Où l'art franchit certaines limites dont celles de la vie et du temps. Il prend un nouveau corps avec la technologie, la nature et les intelligences artificielles.

« Désormais le rôle de l'artiste ne sera plus de créer une œuvre, mais de créer la création. »
Nicolas Schöffer

CHAPITRE PREMIER
Un Soleil immuable
Quand notre vieux compagnon illumine nos arts.

Il y aura toujours un Soleil pour accueillir une journée, qu'elle soit triste, difficile, joyeuse, qu'elle soit la première ou l'ultime de nos existences. Il y aura toujours un Soleil. Comme l'écrivait Louis Aragon, il y aura toujours une aube première… Le Soleil est tout de même âgé de 4,603 milliards d'années. Bien plus âgé que notre Terre dont il est en partie la cause. Comme un repère immuable de nos vies et pourtant constamment en mouvement. Tous les élans de ce monde, microscopiques et macroscopiques, s'émeuvent de voir les choses s'immobiliser sous nos yeux. Du quantique en mouvement et en incertain, à nos objets figés, nos repères sont réguliers. Le Soleil est l'un de ces repères immuables malgré son mouvement de rotation permanent. C'est ce même et fidèle compagnon qui eut éclairé les batailles des Grecs, celles des Romains, les constructions de sept merveilles, dont il vit s'effondrer six, celui qui accompagnait et réchauffait les reflets d'argents de la mer. Celui qui a bercé les premières formes de vie, les mollusques, les algues, les poissons, les reptiles, les insectes, les dinosaures, les oiseaux, les dauphins, les chiens, les chats et bien sûr les primates.

Enfin, les primates devenus artistes savent ce qu'ils lui doivent. Il est le précieux collaborateur de nombreux artistes. Précieux au point de lui ouvrir un accès privilégié à leurs ateliers, leurs maisons avec de grandes fenêtres pour lui permettre de s'exprimer et leur permettre de s'exprimer. Léonard de Vinci insistait sur la lumière et sur son rôle dans la création artistique : « La sculpture exige d'abord une certaine lumière, c'est-à-dire une lumière d'en haut, et la peinture emporte partout avec elle sa lumière et son ombre ; la sculpture doit son importance à la lumière et à l'ombre. »⁵⁶

Un Soleil jusqu'à un dieu Aton avec des mains posées sur le monde pour l'Égypte antique. Akhénaton avait réussi l'exploit de propulser le Soleil jusqu'au rang de religion, l'hénothéisme (Figure 11).

Figure 11 : Représentation de Athon et de ses rayons solaires qui se terminent par des mains.

Il vit naitre les œuvres de tous les humains et tellement plus. Il s'est levé les jours où la vie n'avait pas de sens, d'existence, il se lèvera les jours où la vie n'aura plus aucun sens. Il était là cette simple et banale journée de 2018. Une journée passée sur les basses terres du Gosier en Guadeloupe. Ce matin d'automne, ses rayons me réchauffaient et les sucriers (oiseaux de l'ordre des

---

⁵⁶ Leonard de Vinci, Thoughts on Art and Life, 1906.

Passeriformes) venaient gratter du sucre autour de mon café. Il y était pour quelque chose, à cet instant précis où mon cœur se sentait heureux. Heureux d'appartenir à cet instant du temps et sur ce minuscule bout de terre. Terre dont il faut bénir patience et fidélité. Ce messager du bonheur nous fait un bien sans pareil. Ce qui donne envie de vivre et de créer par-dessus tout, je le crois, c'est le Soleil. Quoi de plus normal ? Nous lui devons notre possibilité de vivre, situé à une distance idéale de la Terre qui lui permet de porter la vie. Quelques variations infimes de cette distance auraient condamné toutes formes de vie, réduisant au néant toutes raisons de le contempler. Enfin, miracle parmi les miracles, quand il se cache, il laisse place à un ciel étoilé. Un ciel qui ouvre une porte vers l'infini. Un voyage dans le temps et dans l'espace. Une image céleste qui est peut-être la seule n'ayant pas évolué aux yeux des hommes pendant des millénaires. Elle s'offre à nous la nuit avec autant de facilité qu'elle le faisait à l'aire jurassique. S'il est une chose que les hommes de toutes les époques ont contemplé, c'est le Soleil, les étoiles.

Il n'est qu'une étoile parmi des milliards, mais il a ceci d'unique, il existe dans le regard d'un être qui pense et qui rêve. Dans le regard d'une espèce créative et imaginative, consciente, si on peut l'être, de sa place au cœur de milliards de milliards de galaxies, elles-mêmes aux milliards d'étoiles. C'est bien cela qui le rend grand. Une ouverture dans un espace lui paraissant sans limites et sans frontières. Cette recherche de liberté porte l'art et ne le contraint pas. Pourtant, notre digitalisation pose la question de ces barrières, de ces cadres qui bien que virtuels impactent sur nos œuvres.

Nature numérique de l'homme

CHAPITRE II
Penser la création hors du cadre
Où il est question de boites algorithmiques.

Grâce aux systèmes informatiques, tout est désormais vendu et livré en boites. L'information, la culture, un film, une image, un amour. Toutes ses boites nous façonnent à leurs images, et nous ne les façonnons que trop peu à la nôtre. L'image est construite de ceux qui sont placés sans trop de soucis et sans quelques erreurs dans la même case, le même segment. Par des algorithmes, des cartes de fidélité, des données volées, en tout cas captées. Aucun programme informatique n'aura de scrupules à agir ainsi, à vous pousser dans la voie qui semble être la vôtre et vous façonner des murs infranchissables dans les autres directions. L'enjeu est économique, car l'incertitude est l'ennemi de la conversion, celle qui mène à l'acte d'achat presque automatisé de nos esprits. Derrière le désordre apparent du web se cache là encore un ordre. Il est économique. *Homo sapiens* est devenu un chiffre, traduit en matrice, en probabilité, en vecteur, en réseau, souvent simplement en un point dans un espace multidimensionnel. Un espace comme un support facile à calculer, à mathématiser, à mettre en équation. Un moyen de créer des proximités entre comportements, de trouver des tendances et de nous injecter dans une trajectoire prévue ou mesurée. Rondes, polygonales, rectangulaires, carrées ou plus complexes, la case est bien présente dans la tête des algorithmes façonnés par l'homme[57].

Notre moteur de recherche Google ne freine-t-il pas le processus créatif ? Quelle unicité extraire d'un monde où tout s'arrête au même contenu vu et

---

[57] Si beaucoup d'algorithmes se servent de mesures de similarité, les algorithmes de segmentation ont pour vocation de créer des groupes homogènes, des cases multidimensionnelles.

mis en avant au travers d'une fenêtre d'exploration, le navigateur ? Nous empruntons les mêmes chemins, les mêmes routes. Nous les découvrons selon les mêmes regards, les mêmes yeux. Trier l'observable est antinomique avec la création. Nous en oublions de regarder et de chercher la source et la nature du nous. Faire naitre l'ordre du désordre peut s'apparenter à un style, mais faire naitre un art du même ordre commun peut présenter un risque. La tentation par la reproduction du vu et du connu peut devenir un frein à une époque où ce « vu » et ce « connu » est proposé par des moteurs algorithmiques qui nous offrent leur vision du monde. Dans l'ouvrage *Urban watercolor sketching*[58] l'auteur exprime justement qu'il faudrait peut-être ne pas chercher pour trouver.

L'artiste a finalement réussi la tache improbable de trouver son style et encore plus incroyable de l'imposer, mais ce style ne devient-il pas trop souvent une nouvelle forme d'asservissement, une facilité du faire pareil à l'origine d'une perte de créativité ? Avoir un style offre la possibilité de faire reconnaitre ses œuvres du public. Sortir de ce style est alors souvent mal perçu par une audience en attente de cette empreinte. Les spécialistes reprochaient à François Mauriac d'écrire avec le même style et sur les mêmes sujets. Il s'expliquait en répondant : « C'est une malédiction. Dès que j'écris quelque chose, c'est du Mauriac. » Le style s'impose à l'artiste qui en est lui-même l'auteur. La créativité enseigne à penser en dehors du cadre traditionnel. Albert Einstein résumait sa pensée en affirmant : « Inventer, c'est penser à côté. »

Une volonté d'innover qui n'est pas tout à fait comprise de la machine. Aussi, elle aura énormément de mal à l'intégrer dans son système. C'est peut-être cela qui peut encore sauver l'homme[59]. Nous qui connaissons si bien l'importance de l'art, nous n'avons jamais créé autant de cases. Est-il pour autant plus facile de penser en dehors ? Quand elles sont par millions, par

---

[58] Urban Watercolor Sketching: A Guide to Drawing, Painting, and Storytelling in Color, Livre de Felix Scheinberger, 2011.
[59] La créativité a été identifié par le Forum économique mondial comme l'une des compétences ayant le plus d'avenir. À l'inverse, un tiers des compétences d'aujourd'hui n'auront plus de sens dans cinq ans. WEF, Riad, 2017.

milliards, je ne le crois pas. Jean d'Ormesson insistait sur ce pouvoir : « Envahis par la science, accablés par les images et la publicité, nous rêvons, nous peignons, nous écrivons, nous pensons à autre chose ou à rien avec de moins en moins de fraicheur et de plus en plus d'artifice. »

Pourtant, la variété de nos œuvres, tout comme leurs beautés sont faramineuses. Des œuvres sont créées par des robots, d'autres partiellement brulées par leurs créateurs, certaines se dissolvent au rythme de gouttes d'acide qui tombent sur des blocs de calcaire. Des toiles sont peintes depuis l'envers, une écriture posée en miroir, de minuscules pots peints de l'intérieur avec un pinceau à l'unique poil. Des œuvres sont éphémères, spectaculaires et s'autodétruisent, d'autres, architecturales, sont inébranlables depuis des millénaires. Certaines sont dessinées, d'autres écrites, dansées, chantées, visionnées, cueillies, recueillies. Bruyantes ou silencieuses, visibles ou invisibles, majeures ou mineures, elles sont de toutes les couleurs et de toutes les formes, de toutes les natures et de toutes les époques.

Certains créateurs vont jusqu'à se transformer pour devenir cyborgs. L'un d'entre eux Stelios Arcadiou (Stelarc) a la volonté de surpasser le corps pour en illustrer ses limites. Il aura présenté un troisième bras avec lequel il pouvait compléter le travail des deux autres. Dans une volonté de montrer l'obsolescence du corps humain, il va en 2007 se faire greffer une oreille sur le bras. Celle-ci dispose initialement de capteurs permettant d'enregistrer les sons qui seront finalement retirés pour cause d'infection. Il souhaitait montrer que l'on peut dépasser les limites de l'écoute, imaginant des technologies pour transmettre des sons de corps à corps. Son exploration du corps et de ses limites en lien avec la technologie prendra la forme d'une danse dans son œuvre *Ping Body*. Une manière de nous alerter sur le contrôle que peuvent avoir les flux d'information sur les hommes. Dans cette œuvre, il est relié à l'internet et à un ensemble de capteurs contrôlant le mouvement. Les internautes peuvent alors envoyer des signaux pour le piloter. Nous le percevons comme dansant de manière chaotique. Seul son troisième bras articulé est supposé rester sous le contrôle de l'artiste (cela ne semble pourtant pas être le cas). Une image qui pourrait interpeler et souligner l'homme comme une marionnette des technologies. L'artiste dément cette volonté et indique vouloir montrer que la technologie est vectrice de modification et d'accélération de notre espèce. Il se situe précisément entre le corps virtuel et le corps matériel et illustre les interactions complexes qui peuvent exister entre les deux.

Si la technique accompagne et fait évoluer l'art, cette dernière n'est qu'un moyen. L'essentiel demeure dans les idées qu'il transporte et les témoignages qu'il nous apportent.

Figure 12 : L'image Hubble Legacy Field représente une toute petite portion de l'espace observée pendant plus de 16 ans par le télescope spatial Hubble. Cette image remonte le temps de 13 milliards d'années.

L'œuvre, s'il en est une, qui est la plus incroyable de toutes est celle dans laquelle nous sommes tous embarqués. Celle dans laquelle vivent toutes les autres œuvres. Cet univers est monumental. Je crois par-dessus tout en la beauté créatrice et en la création de beauté. La photo d'étoiles et galaxies lointaines captées par le télescope spatial Hubble est le résultat d'une observation de plus de 16 ans. Nous sommes plongés dans cette œuvre à la fois gigantesque, dynamique, créative et majestueuse. Elle ne peut que nous convaincre d'un cosmos créé avec un esthétisme et une élégance certaine. Cette œuvre singulière dépasse les simples passants que nous sommes (Figure 12).

Ce qui ne surprend plus l'habitué surprend le passant. Nous placer dans des cases, formelles ou informelles, psychologiques ou matérielles ternit notre vision de cette conception. Elle ternit notre vie et réduit notre contribution dans cette genèse. L'art sort précisément des cases sans pour autant perdre ses codes. L'émotion porte l'art plus que son origine. Que l'homme ou que l'intelligence artificielle soit conceptrice de l'œuvre, les deux se complètent et se subliment.

Les œuvres d'art sont des miroirs du temps et de l'âme. En ce sens, elles nous éclairent. Les bouleversements que nous commentons s'expriment et se redécouvrent à travers l'art[60]. Il porte le reflet de nos interrogations, de nos inquiétudes, de notre temps. Sa richesse offre une dimension supplémentaire de découverte de nos enjeux et de sa beauté. Un regard sur son avenir et le nôtre, un regard sur notre technique et nos outils. Une dimension qui marque et se démarque des normes pour mieux faire agir et réagir. L'art est-il le propre de l'homme ? Hegel nous apprenait que c'est l'âme de l'artiste qui se reflète dans son œuvre. Si l'intelligence artificielle produit des œuvres d'art, quelle âme peut-on espérer y trouver ? Un mélange de ce que les autres âmes d'artistes ont produit et qui se restitue par leur agrégation ou simplement une œuvre sans âme ? L'absence d'âme créatrice serait-elle équivalente à l'absence d'émotions ? Pourrait-on croire à une âme de concepteur indirectement présente derrière l'algorithme à l'origine de l'œuvre ? Cet intermédiaire effacerait-il l'artiste ou pourrait-il le sublimer ? L'art est-il le pont entre l'homme et le surhomme ?

Notre voyage dans l'univers artistique bousculé par la machine commence

---

[60] Mayor, Adrienne. "Bio-techne: Half-Human Soldiers, Robot Servants, and Eagle Drones—the Greeks Got There First. Could an AI Learn from Their Stories?" Aeon, May 16, 2016. https://aeon.co/essays/replicants-and-robots-what-can-the-ancient-greeks-teach-us.

par le coup 36. Une œuvre qui se positionne comme une réflexion sur la place de l'homme par rapport à la technologie.

CHAPITRE III
Le coup 36
Ou l'art sublime le doute de l'intelligence artificielle.

Voici une histoire qui parlera aux joueurs d'échecs ainsi qu'aux machines qui certainement s'en souviennent. Un moment rare retranscrit comme suit en notation algébrique.

1.e4 e5 2.Nf3 Nc6 3.Bb5 a6 4.Ba4 Nf6 5.0-0 Be7 6.Re1 b5 7.Bb3 d6 8.c3 0-0 9.h3 h6 10.d4 Re8 11.Nbd2 Bf8 12.Nf1 Bd7 13.Ng3 Na5 14.Bc2 c5 15.b3 Nc6 16.d5 Ne7 17.Be3 Ng6 18.Qd2 Nh7 19.a4 Nh4 20.Nxh4 Qxh4 21.Qe2 Qd8 22.b4 Qc7 23.Rec1 c4 24.Ra3 Rec8 25.Rca1 Qd8 26.f4 Nf6 27.fxe5 dxe5 28.Qf1 Ne8 29.Qf2 Nd6 30.Bb6 Qe8 31.R3a2 Be7 32.Bc5 Bf8 33.Nf5 Bxf5 34.exf5 f6 35.Bxd6 Bxd6 36.axb5 axb5 37.Be4 Rxa2 38.Qxa2 Qd7 39.Qa7 Rc7 40.Qb6 Rb7 41.Ra8+ Kf7 42.Qa6 Qc7 43.Qc6 Qb6+ 44.Kf1 Rb8 45.Ra6 1–0

Phénoménal !

Une explication s'impose. Nous sommes en 1997, le champion du jeu d'échecs Garry Kasparov affronte pour la deuxième année consécutive le super ordinateur Deep Blue. Un duel de deux génies qui s'étala sur deux confrontations. D'un côté, le super ordinateur capable d'évaluer 200 millions de positions à la seconde. De l'autre, le maitre international russe et premier joueur à avoir dépassé 2 800 points Elo en 1990. Le champion russe sortait d'un premier affrontement remporté 4-2 en 1996. Un an plus tard, le duel entre l'homme et la machine deviendra mythique. La machine prendra-t-elle sa revanche ?

La partie qui nous intéresse ici est le deuxième match de l'affrontement. Elle a quelque chose de particulier : le coup 36 de la machine. Un coup surprenant de Deep Blue. Un coup qui ne semble pas être le résultat d'un calcul, mais plutôt d'un stratège humain.

36.axb5

À la place d'un mouvement logique et à gratification à moyen terme, la machine va surprendre. Elle prend une décision subtile et stratégique qui va s'avérer payante à long terme. Garry Kasparov, surpris, annoncera : « j'ai compris le 10 février 1996 à 16 heures 45 que je faisais face à une forme d'intelligence artificielle ». Rien de rassurant pour le grand maitre plutôt abasourdi par cette audace. Cette année-là, Kasparov perdra le match, mais aussi et surtout l'affrontement. Un moment singulier de l'histoire des échecs et de l'intelligence artificielle. Un combat que certains ont qualifié d'inégal. Le champion humain se battait avec un cerveau dont la consommation énergétique est d'environ 20 à 40 watts. Deep Blue était à côté une machine à la puissance incomparable dont la consommation énergétique était ridiculement supérieure.

Ce moment a inspiré une œuvre d'art, celle de Eduardo Kac[61]. Voici la description de son œuvre dessinée sur la figure 13. Elle présente un échiquier fait de terre et de sable blanc au milieu d'une salle vide. Il n'y a aucune pièce sur le plateau. Par contre, positionnée exactement là où Deep Blue a effectué son déplacement 36, se tient une plante un peu particulière éclairée d'un faisceau lumineux. La plante a été modifiée génétiquement. Son génome incorpore un gène créé spécifiquement pour l'œuvre. Ce gène utilise le code ASCII (une norme informatique de codage de caractères) pour représenter la célèbre déclaration de René Descartes : « Cogito ergo sum » dans les quatre bases de la génétique. Les symboles sont forts et mélangent le jeu avec la génétique, la vie, l'intelligence, la nature et un moment de notre histoire. Le gène permet aux feuilles d'être incurvées, ce qui caractérise la présence de la modification. Une manière de confronter l'homme à ses créations et de se poser la question de la limite que pourra atteindre la machine. « Je pense donc je suis » comme une frontière entre nos vies et nos créations. Une œuvre d'art symbolique. L'artiste explique : « La présence de ce gène cartésien dans la

---

[61] Eduardo Kac, "Move 36", 2004, http://www.ekac.org/move36.html

plante enracinée précisément là où l'humain a perdu devant la machine, révèle la frontière ténue entre l'humanité, les objets inanimés ayant des caractéristiques proches de la vie et les organismes vivants qui contiennent des informations codées numériquement. »

Figure 13 : Coup 36, l'œuvre de Eduardo Kac.

Finalement, le fameux coup 36 perdra de son miracle. Les ingénieurs annonceront que ce dernier n'était qu'un simple bogue dans le programme. Un bogue créatif, était-ce possible ? Un bogue aux allures d'homme. Finalement, c'est quand la machine déraille qu'elle parait plus humaine. Après tout, quelques-uns voient dans les rêves un dysfonctionnement de notre cerveau.

À la suite du coup 36, le prochain défi de l'homme aura apporté le coup 37, dans un affrontement tout autre 19 ans plus tard. Ce nouvel affrontement est celui de Lee Sedol avec AlphaGo au complexe et stratégique jeu de Go. Jeu dont le nombre de possibilités pourrait noyer les algorithmes les plus avancés et dont la créativité et la stratégie sont essentielles. Ce coup 37 est celui de AlphaGo qui aura lieu lors de la seconde confrontation. Il sera commenté par les spécialistes comme un coup créatif et unique. Ce mouvement aura surpris les meilleurs joueurs de la planète et aura déstabilisé le champion Lee Sedol. Il avouera avoir été battu psychologiquement, plus que techniquement. Cette créativité dans la machine et l'algorithme aura ouvert aux joueurs humains une nouvelle piste de réflexion stratégique s'inspirant désormais de la machine. Garry Kasparov réagira à la partie avec les propos suivants marquant le duel personne-machine de la nouvelle ère : « les ordinateurs excellent dans les calculs parfaits ; nos cerveaux, dans les généralités, les planifications à long terme et l'application de modèles généraux à des situations nouvelles. Ce contraste produit des affrontements passionnants dans ces courtes fenêtres de temps où les hommes et les machines jouent à forces égales, comme ce fut le cas aux échecs il y a vingt ans et apparemment, au go aujourd'hui. »

À l'image du bogue, la créativité est souvent pensée comme imprévisible. Cependant, le chemin d'artiste une fois emprunté, pourrait-il être capté et prévisible au point d'être reproductible et mis en équation ? Peut-on faire la même chose d'un univers déjà crée, même si son artiste est inccmu et incertain ? Serait-il possible de tout mettre en équation, jusqu'à l'art ?

Peut-on croire à une maitrise de toutes les lois de la nature ? Peut-on imaginer les limites qu'atteindrait l'homme ? Sont-elles fictives ou bien réelles ? Si cela est possible (cela semble à ce jour impossible à cause du nombre d'éléments à analyser et de nos limites de calculs), le pouvoir associé devient inacceptable. Le mathématicien et physicien Pierre-Simon Laplace décrivait la situation de la manière suivante : « Une intelligence qui, à un instant donné, connaitrait toutes les forces dont la nature est animée, la position respective des êtres qui la composent, si d'ailleurs elle était assez vaste pour soumettre ces données à l'analyse, embrasserait dans la même formule les mouvements des plus grands corps de l'Univers, et ceux du plus léger atome. Rien ne serait incertain pour elle, et l'avenir comme le passé seraient présents à ses yeux. »

Peut-on assister à la disparition d'*homo sapiens* pour voir apparaitre un posthumain qui portera en lui une forme d'humanité ? Si la chair nous est enlevée ou que la conscience est copiée et téléchargée dans la machine, pourrons-nous encore avoir une forme d'humanité ? Ce qui crée en partie l'homme est les relations sociales et son interaction avec l'environnement. Quelles formes de créativité espérer dans une nature digitale et numérique ?

La créativité peut-elle être réduite à la recherche de schémas dans les données ? Interrogation qui mène à la question du monopole de l'homme à être créatif. La machine peut-elle faire preuve de créativité ? La conscience est-elle nécessaire pour produire une œuvre ? La machine peut-elle supplanter l'homme dans sa consistance créative ?

À ce jour, il semble qu'elle puisse tout du moins imiter l'homme dans cette tâche. C'est ce qu'elle aura déjà réussi à accomplir au piano.

CHAPITRE IV
Le deep blues de la musique
Où l'intelligence artificielle joue avec nos cordes sensibles.

L'intelligence artificielle a débuté sa carrière dans un jeu d'imitation, le célèbre test d'Alan Turing. Test où elle devait paraitre humaine lors d'un interrogatoire face à un humain. Un peu plus tard, elle a affronté les plus grands maitres aux échecs. Des duels phénoménaux menant à sa victoire contre le champion du monde Garry Kasparov. Nous avons reproché à cette intelligence de trop calculer et de manquer de stratégie. Dans un sursaut d'orgueil, elle a appris à maitriser le jeu de Go, un jeu plus complexe. Elle a encore gagné et battu les grands maitres. Puis, lassée d'apprendre seulement dans les pas de l'homme, elle a fini par avancer d'elle-même. Un petit pas pour la machine, mais un grand pas pour l'intelligence artificielle. Elle s'est mise à s'affronter. Jouer seule sur la simple base de règles et sans connaissances supplémentaires. En apprenant de ses erreurs, elle se perfectionne. Elle affronte à chaque nouvelle partie une version améliorée et riche de ses défaites. Dans ce cycle, elle finira par jouer excellemment au jeu de Go (AlphaGo puis AlphaGo Zéro). Un exploit unique et surhumain, mais qui n'est finalement pas plus qu'un jeu. Certains se moquent encore, car elle semble jouer plus que travailler. La critique est facile, du « jeu » au « je », il n'y a pas grand-chose. À partir de maintenant, la machine intelligente devient un peu ArtIste.

Après avoir joué la comédie pour le plaisir de Turing, dans la musique, l'intelligence artificielle fait des merveilles. Elle peut écouter non pas pour s'émouvoir, mais pour réagir et tourner les pages d'une partition à la convenance des musiciens. Elle peut saisir le sens du rythme et accompagner un soliste avec des instruments de percussion. Une intelligence artificielle que personne ne questionne quand elle est esclave. Mais que se passe-t-il si l'on touche à ce propre de l'homme qu'est l'émotion ?

Quelle capacité aurait-elle à interpréter les partitions des grands classiques ? Comment peut-on ne serait-ce que s'en rapprocher ? Pour permettre à une intelligence artificielle une telle prouesse, elle devra apprendre à jouer avec style et non comme un vulgaire ordinateur d'une autre époque. Ce rythme, elle l'apprend, du moins elle l'étudie. Les pianistes ont chacun leurs spécificités et la machine a un rythme homogène et régulier qui n'est pas source d'harmonie ni d'émotion pour nos ouïes affutées.

La beauté de l'expression musicale se fait par les pauses, les silences, la rythmicité et l'atemporalité improvisée. Des dimensions impalpables et non indiquées sur les partitions de papier. En étudiant les interprétations de grands pianistes sur des milliers de partitions, la machine a identifié des tendances. Des variations subtiles sur certains enchainements précis et qui sont reproduites par les plus grands artistes. Ces variations, une fois apprivoisées, peuvent lui permettre de livrer une interprétation inspirée et quasi systématique de ces artistes. Le *deep blues* de la musique aurait eu lieu en 2018[62]. Après avoir vaincu dans la logique, elle aurait vaincu sur un chemin artistique.

Un panel de candidats a été soumis au test de Turing musical. Qui pourrait être capable de reconnaitre un artiste professionnel, d'une machine naïve, d'une interprétation effectuée avec les algorithmes d'intelligence artificielle ? La célèbre étude publiée dans le *Journal of new music research* montre que l'humain serait dupé par l'interprétation de la machine. Incapable de distinguer qui est l'artiste. Le *deep blues* (en référence à *deep blue* et au genre musical) est proclamé et l'intelligence artificielle aurait un avenir artistique. Les auteurs affirment que la musique au piano générée par un algorithme peut être identique à la performance humaine. Nous y faisons le parallèle avec la victoire du super calculateur *Deep Blue* aux échecs. Il semblerait toutefois qu'une oreille avisée serait plus à même de distinguer les subtilités et de ne pas se faire duper aussi facilement, au moins pour l'instant.

---

[62] Emery Schubert, Sergio Canazza, Giovanni De Poli & Antonio Rodà, Algorithms can Mimic Human Piano Performance: The Deep Blues of Music, Pages 175-186, 2017.

Que restera-t-il de l'expression des musiciens ? J'aimais à penser qu'une émotion portée par le génie d'un Frédéric Chopin, Ludwig Van Beethoven ou Wolfgang Amadeus Mozart ne serait jamais saisissable par quelques formes de machines et d'intelligences artificielles. Aujourd'hui, la distinction n'est pas si évidente. La musique, les toiles, les images sont en partie devenues ArtiIficielles. L'analyse de l'écriture est un autre domaine où le numérique semble déjouer les limites historiques.

CHAPITRE V
Une écriture qui se lie à ce que nous sommes
Où l'intelligence artificielle psychanalyse l'auteur.

J'ai testé avec intérêt l'une de nos meilleures intelligences artificielles, celle de Watson par IBM. Son nom est porté en hommage à Thomas J. Watson qui fut président d'IBM de 1914 à 1956. Cette intelligence s'est récemment découvert un talent presque artistique pour psychanalyser l'humain à partir de ses écrits. Il fait écho, plus de 50 ans après, au premier chatbot Eliza, imaginé par Joseph Weissenbaum. En 1966, il imagina un robot textuel capable d'imiter (grossièrement) le travail d'un psychiatre. En 2020, son successeur se dénomme *Personality Insights*[63]. Les objectifs sont d'ordre marketing, ne soyons pas dupe. Sa finalité est d'entrer au plus près du cerveau de l'homme sans avoir à en lire les ondes ou à le connecter à une machine. À mieux prédire notre comportement, nos préférences, nos fragilités, nos émotions pour mieux satisfaire dans un objectif de consommation sans relâche. Un outil précieux pour automatiser les consultations en masse et à l'insu, bien sûr, du psychanalysé. Les traces textuelles laissées par les milliards d'utilisateurs des réseaux sociaux sont une ressource importante pour alimenter notre machine financière. Nos recherches, nos messages, nos communications, nos mots de tous les jours et de tous les instants sont invités à l'exercice. *Personality Insight* se présente de la manière suivante : « Prédisez les caractéristiques, les besoins et les valeurs de la personnalité grâce à un texte écrit. Comprenez les habitudes et les préférences de vos clients à un niveau individuel et à grande échelle. »

Loin des considérations pécuniaires, intrigué, je me jette sur l'occasion de

---
[63] https://www.ibm.com/watson/services/personality-insights/

faire mon analyse avec un enthousiasme à peine caché. Vais-je à nouveau sourire du résultat obtenu, à l'image de mon assistant personnel qui ne comprend souvent pas grand-chose ? Il est usuel d'être plutôt déçu par les promesses non tenues de ce type d'intelligences. Les enceintes connectées ont laissé un drôle de sentiment avec leurs refrains pas très poétiques : « Désolé, ça ne me dit rien », « Désolé, je ne peux pas répondre à votre requête ». Vais-je être surpris de la profondeur du résultat ? Je lui transmets en intégralité le prélude de l'ouvrage *prison numérique*. Bon ou médiocre, il avait quelque chose d'important, il était authentique. Si Paul Valérie affirmait qu'il n'était pas toujours de son avis, ce texte m'avait demandé du temps et j'y étais plutôt de mon avis. J'envoie le texte, Watson l'analyse, m'analyse, je suppose, et me répond dans la langue de Shakespeare, que j'ai traduit dans la langue de Molière : « Vous êtes perspicace et strict. Vous défiez l'autorité : vous préférez contester l'autorité et les valeurs traditionnelles pour aider à apporter des changements positifs. Vous êtes philosophique : vous êtes ouvert et intrigué par de nouvelles idées et aimez les explorer. Vous êtes indépendant : vous avez un fort désir d'avoir du temps pour vous. Vos choix sont motivés par un désir de découverte. Vous êtes relativement indifférent à la fois à la tradition et au plaisir de vivre. Vous vous souciez plus de faire votre propre chemin que de suivre ce que les autres ont fait. Et vous préférez des activités dont le but est supérieur à la simple jouissance personnelle. »

J'ai peine à y croire. Un petit bout de texte lui a permis de comprendre ma quête presque obsessionnelle de liberté.

Cette volonté d'exister.
D'être, pour ne pas être dans la masse
D'être, pour ne pas être dirigé
D'être, ce que je suis tout simplement
À une époque où cela ne va plus de soi.

Ces ambitions inaltérables et qui m'ont toujours causé du tort. Il parait y voir si juste à partir d'un presque rien, de quelques mots. Je me rassure de ne pas lui avoir transmis la totalité de l'ouvrage. Qui sait ce que l'intelligence artificielle aurait fait de moi ?

La peur de m'y retrouver au point de m'y perdre.
La peur d'être emprisonné par ma propre prison numérique.
La peur de se retrouver absorbé dans la machine.

Alors, je reste sans un bruit.
Un mot sait ce que nous sommes.
Un mot c'est ce que je suis.
Ce que je poursuis.
Je.

L'intelligence déjoue l'homme de ses textes, l'affronte dans la logique et interprète les classiques avec brio. Il est désormais possible d'observer ses nouveaux exploits dans la peinture. Disons bienvenue à l'inceptionisme et au ganisme des mouvements artistiques sur ordinateur.

CHAPITRE VI
Une toile par AlgorIthme
Où l'intelligence artificielle se met à peindre.

Le ganisme et l'inceptionisme sont deux mouvements artistiques génératifs portés par les machines et les algorithmes. Leurs créateurs se cachent derrière l'intelligence artificielle comme pour lui laisser la primeur du vernissage, pour embellir la surprise et pour faire rêver le simple rêveur.

Le ganisme tient son origine de la technique d'intelligence artificielle abrégée en GAN pour *Generative Adversarial Networks*. Ces réseaux de neurones artificiels s'affrontent tour à tour pour atteindre l'excellence. Comme une manière de simuler artificiellement la plasticité neuronale de nos cerveaux humains, le réseau ajuste les poids entre ses neurones artificiels. C'est cette plasticité qui chez l'homme permet d'ajuster les quantités de neurotransmetteurs afin d'améliorer la qualité du transfert de l'information, des signaux électriques. Des modifications qui sont à la source de la mémoire et de l'apprentissage. Chacun des réseaux tente consécutivement de faire mieux que l'autre, jusqu'à ce que les deux deviennent extrêmement habiles. D'une certaine manière, comme beaucoup d'algorithmes et quelques humains, ils apprennent de leurs erreurs. Les œuvres produites, vous l'avez compris, sont artificielles. Certains paramètres appartiennent encore à l'humain créateur, même si cela n'est ensuite plus nécessaire. Les œuvres se génèrent et s'autogénèrent sans être définies à l'avance, sans même que le concepteur ne sache tout à fait ce qu'il va produire.

Nature numérique de l'homme

Figure 14 : Toile produite par l'intelligence artificielle dénommée : Edmond de Belamy. Cette œuvre s'inspire de plus de 15 000 portraits classiques du XVème au XIXème siècle.

Un art qui s'autogénère à l'image de la vie, qui se produit et s'autoproduit. Les bases nucléiques sont les pixels des hommes, ces pigments de couleurs qui forment la toile humaine. Elles s'arrangent, se réarrangent pour leur donner une nouvelle vie, une nouvelle teinte.

Un double coup de tonnerre a parcouru le monde artistique lorsque la toile Edmond de Belamy (Figure 14) fut vendue pour plus de 400 000 dollars par Christies. Ce fut la première œuvre issue d'une intelligence artificielle vendue aux enchères. Elle est signée d'une équation, comme pour rappeler le caractère informatisé de l'œuvre et son algorithme[64].

L'inceptionisme (ou neuron-art) est un mouvement similaire dont le nom a été proposé par Google au moment de lancer sur la toile une panoplie d'images fantasmagoriques. Le nom de ce mouvement serait inspiré du film réalisé en 2010 par Christopher Nolan *Inception*. Cet élan offre des images d'une intelligence artificielle en train de rêver[65]. Un exemple est proposé sur la Figure 15. Ce courant artistique lancé par *Deep Dream* est issu là encore d'un réseau de neurones artificiels. Ce dernier, habituellement capable de reconnaitre des formes sur les images, est utilisé de manière un peu détournée pour en faire un générateur d'art. À partir d'une image aléatoire, la démarche force le réseau à créer une image correspondant à des objets appris. Ces objets sont accentués à plusieurs reprises afin de leur donner une existence dans le rendu final, même si leur présence n'est pas du tout évidente dans l'image de départ. Une image initiale qui est souvent un simple bruit. L'œuvre semble imaginée ou hallucinée par le réseau. Une nouvelle manière de créer un ordre esthétique à partir du désordre. Une forme de paréidolie. Nous l'avons expérimenté dans nos plus jeunes âges, lorsque nous nous amusions à rechercher des formes dans les nuages. Adultes, nous nous servons toujours de ce talent créatif, mais pour des choses plus sérieuses telles que le test des taches d'encre de Hermann Rorschach.

Si psychanalyser une intelligence artificielle n'a pas grand sens pour le moment, lui faire observer des objets nous a permis d'y découvrir un pouvoir artistique remarquable. Une similitude semble même mise en évidence entre les œuvres obtenues et certaines hallucinations expérimentées par des humains lors de la prise de drogue. Jeff Clune, professeur adjoint d'informatique à l'Université du Wyoming ouvre une piste : « Le fait que les humains rapportent que l'inceptionnisme de Google ressemble à ce qu'ils voient lorsqu'ils hallucinent avec du LSD ou d'autres drogues suggère que la machinerie de notre cerveau soit similaire en quelque sorte aux réseaux neuronaux (artificiels) profonds. »[66] Un autre rayon de lumière sur les

---

[64] https://obvious-art.com
[65] http://deepdreamgenerator.com
[66] Adrienne LaFrance, When Robots Hallucinate, What do Google's trippy neural network-generated images tell us about the human mind?, September 3, 2015.

similitudes observées entre les natures numériques et humaines. Notre investigation progresse.

Figure 15 : Image inceptioniste produite par le logiciel Deep Dream.

Si des œuvres surprenantes sont réalisées ex nihilo par l'intelligence artificielle, peut-on pour autant programmer la machine pour capter et reproduire le style des plus grands artistes ? Pourrait-on faire émerger un nouveau Van Gogh ou un nouveau Rembrandt ?

CHAPITRE VII
Capter un style
Où l'intelligence artificielle nous impressionne.

Dans la lignée des intelligences artificielles imitatrices du célèbre Turing, la machine a franchi, il y a peu, un nouveau cap. Imiter un grand maitre tel que Van Gogh ou Rembrandt. Les œuvres La vigne rouge, Les oliviers, Terrasse du café le soir, Souvenirs mauves, les autoportraits, la nuit étoilée contiennent-elles l'ensemble des ingrédients du maitre ? Des heures, des journées, des mois et des années à retranscrire et travailler une empreinte, un style, une émotion dans les toiles. Serait-il possible en quelques heures de résumer cela en équations ? Équations posées comme un résultat des œuvres et non plus comme un processus créatif.

La question n'est pas naïve. L'œuvre la plus complète, la plus complexe est l'univers. Nos sciences n'ont pourtant cessé de mettre cet univers en équations, et ce, avec une réussite plutôt épatante. La vie n'est pas une œuvre simple, et pourtant une nouvelle fois, on en aura saisi quelques traits. Des équations, des relations chimiques aussi. Nos sciences ont toujours eu pour ambition suprême de trouver les bons modèles, les bonnes lois, les bonnes équations et si possible la bonne équation. Albert Einstein refusait les responsabilités politiques pour rester auprès d'elles. Il avouera les raisons de son choix, il leur trouvait quelque chose de plus éternel, hors du temps. Si le génie de Stephen Hawking continuait d'espérer ou de craindre une théorie du tout, il citait dans *La brève histoire du temps*[67] : « Je pense qu'il y a de bonnes chances pour que l'étude de l'Univers primitif et les exigences de la logique mathématique nous amènent à une théorie complètement unifiée durant la

---

[67] Stephen Hawking, Une brève histoire du temps. Du Big Bang aux trous noirs, 1988.

vie de certains de ceux qui nous entourent aujourd'hui. »

Une équation mathématique pouvant expliquer l'univers, pourrait-elle couvrir toutes les créations de l'homme ou seulement la vie qui nous entoure ? Celle de nos inspirations découlerait-elle de la première ? La vie ressemble plus à un code qu'à une équation, un code génétique déjà bien connu. Il fait de nous ce que nous sommes. Faisons-nous alors ce qu'il nous somme de faire ?

Les créateurs ont souvent utilisé les mathématiques et une certaine forme de logique pour concevoir leurs arts. Nous avons en mémoire l'offrande musicale de Jean-Sébastien Bach et son usage de la symétrie. Le talent de Léonard de Vinci et le célèbre homme de Vitruve qui tient d'un miracle artistique, anatomique, géométrique et mathématique, celui de faire tenir un homme parfait dans un cercle, mais également dans un carré aux proportions parfaites, équilibrées et esthétiques. Pour comprendre les prouesses, il faut écouter le maitre s'en expliquer : « la Nature a distribué les mesures du corps humain comme ceci : quatre doigts font une paume, et quatre paumes font un pied, six paumes font un coude : quatre coudes font la hauteur d'un homme. Et quatre coudes font un double pas, et vingt-quatre paumes font un homme ; et il a utilisé ces mesures dans ses constructions. Si vous ouvrez les jambes de façon à abaisser votre hauteur d'un quatorzième, et si vous étendez vos bras de façon que le bout de vos doigts soit au niveau du sommet de votre tête, vous devez savoir que le centre de vos membres étendus sera au nombril, et que l'espace entre vos jambes sera un triangle équilatéral. La longueur des bras étendus d'un homme est égale à sa hauteur. Depuis la racine des cheveux jusqu'au bas du menton, il y a un dixième de la hauteur d'un homme. Depuis le bas du menton jusqu'au sommet de la tête, un huitième. Depuis le haut de la poitrine jusqu'au sommet de la tête, un sixième ; depuis le haut de la poitrine jusqu'à la racine de cheveux, un septième. Depuis les tétons jusqu'au sommet de la tête, un quart de la hauteur de l'homme. La plus grande largeur des épaules est contenue dans le quart d'un homme. Depuis le coude jusqu'au bout de la main, un quart. Depuis le coude jusqu'à l'aisselle, un huitième. La main complète est un dixième de l'homme. La naissance du membre viril est au milieu. Le pied est un septième de l'homme. Depuis la plante du pied jusqu'en dessous du genou, un quart de l'homme. Depuis sous le genou jusqu'au début des parties génitales, un quart de l'homme. La distance du bas du menton au nez, et des racines des cheveux aux sourcils est la même, ainsi que l'oreille : un tiers du visage.[68]»

Peut-on pour autant faire le chemin inverse ? Réduire les œuvres en équations, réduire les artistes en symboles, réduire un style à des chiffres ? Cette empreinte unique d'un homme, cette saveur que lui seul peut apporter à ses créations, ce qui lui permet de se distinguer et d'être remarquable ? Notre intuition est mise à mal par les plus grands esprits à la quête de la démystification, l'une des quêtes universelles de la science. Pourrait-on plus de 350 ans après la perte du talent Rembrandt, produire une œuvre nouvelle inspirée de son style ? Le projet *the next Rembrandt* a tenté l'aventure : redonner vie à cette âme d'artiste au travers d'une intelligence artificielle. Ron Augustus décrit le projet avec un parallèle intéressant : « Nous utilisons la technologie et la donnée comme Rembrandt utilisait les pinceaux et la peinture pour ses toiles pour créer quelque chose de nouveau. » Une base de données comportant la collection des peintures de l'artiste a dû être constituée. Des numérisations en trois dimensions, des analyses d'images, de couleurs, de formes. Orientée sur l'enjeu des émotions des personnages, l'œuvre générée artificiellement serait logiquement un portrait. Ses spécificités seraient extraites du style de l'artiste : comparaison des visages, de leurs caractéristiques, respect des proportions et des teintes. In fine, le projet *the Next Rembrandt*[69] a permis la production de ce que l'on pourrait appeler un nouveau Rembrandt.

L'œuvre présentée sur la Figure 16 pose de nombreuses réflexions sur notre relation entre l'art et la technologie.

---

[68] Marcus Vitruvius Pollio, Au sujet de l'architecture, traité d'architecture, Ier siècle av. J.-C.
[69] https://www.nextrembrandt.com/

Figure 16 : Œuvre réalisée par une intelligence artificielle ayant appris du style de Rembrandt.

Un autre exemple est proposé par les employés de Cambridge Consultant qui auraient trouvé les équations du génie Vincent, précisément le nom de leur machine à produire du Van Gogh.[70] Une intelligence capable de terminer vos croquis pour en faire un facsimilé Van Gogh. Le résultat nous laisse y croire et c'est peut-être cela le plus important, le plus impressionnant. La création dépasse les œuvres, dépasse l'artiste, elle n'a plus d'autre support que la limite de chacun. Les autres artistes seront bientôt eux aussi mis en matrice, des matrices filtres qui trouveront peut-être un jour une place sur les réseaux sociaux.

Un grand maitre aurait-il reconnu son style ? Aurait-il arrêté de peindre sous la colère de voir son talent capté ou volé par la machine ? Au jeu de Go, le champion Lee Sedol mettra un terme à sa carrière en 2019. Une décision motivée par sa défaite face à l'intelligence artificielle, et le sentiment de ne plus jamais pouvoir dominer sa discipline.

Quand la machine aura appris de nos plus grands artistes, laissera-t-elle place à la nouveauté ? Chaque auteur doit-il s'inquiéter de voir émerger une nouvelle œuvre de Louis Aragon, Marcel Proust, Platon, Aristote ou

---

[70] https://www.cambridgeconsultants.com/press-releases/turning-our-sketches-art-machine-learning

Chateaubriand, chaque année, chaque mois, chaque jour, chaque seconde ? Quelle place sera laissée à la nouveauté ?

Quelle place faire à un homme imparfait conjugué au futur ?
Devons-nous tendre vers une perfection artistique ?
Cet art subjectif, peut-il plaire à tous les sujets ?
À tous les temps ?
Dois-je espérer voir le verbe de mes pages transformé en un texte de grand auteur ?
Faut-il continuer à écrire à l'ancienne avec la crainte de ne pas être juste ?
La crainte d'appartenir déjà à une mode dépassée.
Plus que jamais, le risque est de ne pas plaire.
Celui de nous transformer en un humain plus que parfait en quête de perfection.
L'intelligence artificielle franchit des pas sur le mont de la créativité.
L'homme devra faire face à la limite de l'authentique et du créatif.
Il n'y aura pas, pour les artistes, de futur simple.

Les technologies nous ont offert des écrans comme un nouveau vecteur de créations, vecteur dont le support est presque intangible. Que reste-t-il de la matière ?

CHAPITRE VIII
Des œuvres sans supports
Où le digital nous fait perdre le support de l'art.

Les anciens comprendront l'importance de la matière dans la création. Elle rassure, elle nous obéit même la plupart du temps. Elle nous permet de la manipuler, de la plier, de la couvrir, de la tailler, de la transformer, de la percer, de la frapper, de la faire vibrer. Elle nous autorise à la mouiller. Ce que l'on fait avec plaisir, mais avec gout en y ajoutant des pigments pour rendre l'exercice plus joyeux et coloré. Cette matière est le bon sens, celle qui ne crée pas de désaccord. J'ai une feuille de papier sous mon stylo et tout le monde présent à mes côtés peut le confirmer. Si elle ne me plait pas, je la mets en boule, elle m'obéit et je la jette. Aussi simple que cela, je ressens ce que j'écris sur la matière, elle suit des règles bien maitrisées, des règles qui me donnent l'impression de créer. Je perçois les mots apparaitre au fil de mon encre. Je perçois la page se remplir au fil de mon écriture. Tout cela a un sens, celui du temps, de la matière. Finalement, du bon sens.

L'homme a cherché partout autour de lui des supports de création. Lorsqu'il n'avait plus de papyrus, de végétaux ou de tissus pour s'exprimer, il pouvait encore écrire et dessiner sur le sol et dans la pierre.

Dans nos œuvres numériques, il règne une inquiétude. Nous produisons des croquis sans molécules, des arts, dont la matière et le support sont insaisissables, des fichiers dont on ignore le lieu de conservation, et des documents qui peinent à se conserver plus de 30 ans. Si le digital n'oublie rien et mémorise tout, il semble que ce soit pour une courte durée. Les fichiers disparaissent, les données se perdent dans le réseau et l'instantanéité. Pour dépasser la peur d'être effacé et de perdre nos œuvres, les technologies digitales ne sont pas les meilleurs recours. Notre maitrise du vivant permet l'impossible, lire et écrire notre art et nos partitions dans le vivant. La nature dicte désormais son art.

CHAPITRE IX
Quand la nature dicte son art
Où l'on découvre la partition de la nature.

Une œuvre musicale peut-elle s'appuyer sur une lecture de la nature ? Il ne s'agit pas d'une lecture comme peut le faire un peintre, un auteur, une interprétation de ce qui s'offre à nos yeux et à nos cœurs. Il s'agit d'une lecture nanoscopique effectuée sur un objet organique simple et surprenant. Pour le trouver, il faut traverser les dimensions et se réduire à l'échelle de l'invisible. Traverser les espaces, de l'homme à une cellule, mais encore plus petit, de la cellule à une bactérie, et se réduire encore de la bactérie au viroïde, particule dont la taille se mesure en nucléotides. Il en compte de 250 à 400 et chacune ne mesure pas plus d'un tiers de nanomètre. Cette particule virale est composée d'un seul brin d'ARN circulaire. Ce brin contient de l'information. S'il ne code aucune protéine, pour l'artiste pianiste, il coderait peut-être une partition intéressante.

Jörg Schäffer a mené cette investigation depuis les années 1980. Après tout, Gottfried Wilhelm Leibniz, philosophe et mathématicien disait de la musique que c'est un exercice d'arithmétique secrète. Il affirmait que celui qui s'y livre ignore qu'il manie des nombres. Riche de cet enseignement, Jörg Schäffer compte sur et avec la nature. Son objectif est de scruter la séquence de bases à la recherche de mélodies harmonieuses. En observant ses prises de notes, on y découvre une série de bases nucléiques marquées des quatre lettres caractéristiques. Certaines sont surlignées de jaune, d'autres rayées ou enfin entourées. La rencontre et la recherche d'harmonie naturelle entre un infiniment petit et un artiste a lieu. La rencontre d'une pathologie avec notre pathos. L'étymologie lui donne ce double sens, d'une maladie à une hyperbole du touchant. Il en résulte un solo pour piano de 30 minutes[71]. J'en avais déjà apprécié son clair de lune, ses saisons, son air. Cette fois, j'en découvrais sa musique. Était-elle par nature musicale ? Avons-nous rendu cette nature musicale ? Message inspiré ou déchiffré. Mélodieux ou biologique. Bio inspiré ou mélodique. Les deux sont possibles.

Nous avons en mémoire le signal d'Arecibo, ce message radio envoyé dans l'espace en 1974. Signal transmis à une fréquence de 2 380 MHz et modulé en décalant la fréquence de 10 Hz, avec une puissance de 450 kW. Au total 210 octets qui codent sous forme d'onde une image représentant l'homme et la vie. Le signal poursuit sa route en direction de l'amas globulaire M13. Il l'atteindra dans 22 000 ans. S'il n'a pas de réel espoir de rencontrer un jour un auditeur, une audience, imaginons-le tout de même. Nous prendrons peut-être pour un artiste celui qui recevant le message y trouverait une image. Cet extraterrestre pourrait passer pour un illuminé de son espèce s'il y découvrait les chiffres binaires, les composants de l'ADN, les nucléotides et même la double hélice. Bien surprenant encore, si venaient s'ajouter l'image d'une humanité et d'un système solaire. Ce sont pourtant bien les informations qu'il contient (Figure 17).

La musique et l'ARN sont une rencontre surprenante. L'auteur, au fil des ans, a élargi son œuvre avec bien d'autres formes. Certaines de ses compositions s'inspirent de la séquence d'acides aminés de glutathion-S-transférase de Schistosoma japonicum, mais aussi du célèbre C. Elegans. Une œuvre s'inspire même du spectre atomique de l'hydrogène et de l'hélium lors de la fusion nucléaire du Soleil. Une musique qui n'aura jamais été plus justement inspirée de la nature et de notre vieille étoile. Un jour peut-être nos œuvres ne s'écriront et ne se lieront plus sur des cordes synthétiques, d'acier ou de boyaux, mais bien sur des cordes situées au cœur même de la matière[72].

---

[71] Hernandez, C. and Flores, R. Plus and minus RNAs of peach latent mosaic viroid self-cleave in vitro via hammerhead structures. Proc. Natl. Acad. Sci, 1992.
[72] En référence à la théorie des cordes.

Nature numérique de l'homme

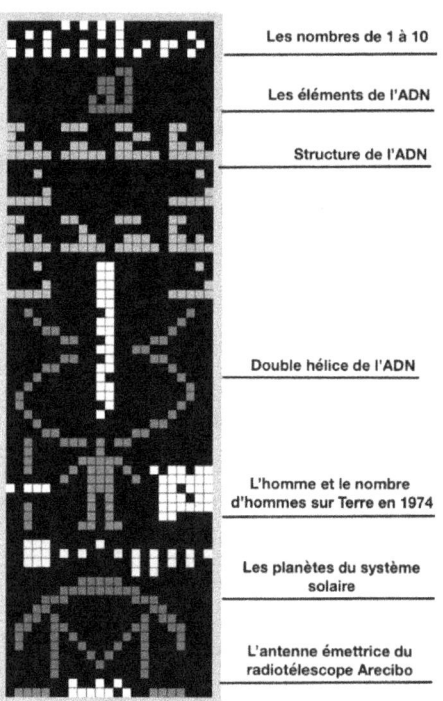

Figure 17 : Représentation visuelle du signal d'Arecibo, le message radio envoyé dans l'espace en 1974.

Dans son œuvre de référence, le professeur de sciences cognitives et d'informatique, mais également professeur de philosophie des sciences, Douglas Richard Hofstadter[73] avait mis en exergue la relation intime entre la nature, la vie et l'art. Il voyait dans le processus de biosynthèse des protéines une métaphore musicale. Les protéines, les ribosomes et l'ARN messager sont perçus comme un triptyque à l'image d'un lecteur de musique. Le ribosome serait l'enregistreur, l'ARN messager une cassette et la protéine synthétisée la musique. La métaphore fonctionnelle est séduisante : « Lorsqu'un brin d'ARNm, après sa fuite du cytoplasme, rencontre un ribosome, un processus complexe et beau appelé traduction a lieu. Nous pouvons dire que ce processus de traduction est au cœur même de la vie, et il y a beaucoup de mystères qui y sont liés. Mais en substance, il est facile à

---

[73] Douglas R. Hofstadter, Gödel, Escher, Bach: An Eternal Golden Braid, 1979.

décrire. Imaginez que l'ARNm ressemble à un long morceau d'une bande d'enregistrement magnétique, et le ribosome pourrait être un magnétophone. Comme la bande passe à travers de la tête de lecture de l'enregistreur, il est lu et converti en musique ou autres sons. Ainsi, les marques magnétiques sont traduites en notes. De même, lorsqu'une bande d'ARNm passe sous la tête de lecture d'un ribosome, les notes qui sont produites sont des acides aminés, et les morceaux de musique qu'ils composent sont des protéines. Voilà précisément ce qu'est la traduction. »

Une biologie musicale complexe et presque parfaite, une harmonie dans un processus qui permet la vie et qui se déroule chaque instant dans notre corps, une rythmicité, un sauvetage et un transfert de l'information. Au-delà de nous donner la vie, c'est une usine à nous maintenir en vie, une machine dont le mode de fonctionnement au plus petit nous dicte des solutions aux problèmes majeurs. Comment faire perdurer l'information ? L'ADN en sort vainqueur. Mais aussi une machine qui par sa mécanique, pousse inconsciemment à aimer le beau, à savoir ce qui est beau sans pour autant pouvoir ni devoir le définir. Une machine qui permet de reconnaitre une œuvre d'art de manière universelle et sans discussion. Une beauté d'habitude si subjective devient tout à coup objective aux yeux de tous et donne vie à l'objet. L'amphithéâtre de Leptis Magna, La Joconde, Les nymphéas, la vallée des rois, l'acropole, les temples d'Angkor, la grotte de Lascaux, la chapelle Sixtine, les pyramides, les montagnes, la mer, le Soleil sont des œuvres qui émerveillent tout un chacun au-delà de nos différences, de nos gouts et de nos caractères. Nous ne pouvons pas nous désaccorder sur la beauté de la nature, de la vie et de l'homme.

L'art est un domaine qui aura pris vie jusqu'à l'échelle biologique. De nouveaux créateurs sont désormais qualifiés de bio artistes.

CHAPITRE X
Les bio Artistes
Où l'art se vit et où l'art vit.

L'art est un domaine qui ne s'est jamais fixé de limites. Nous l'avons vu par photons, entendu en ondes, touché et sculpté. Nous l'avons dansé, nous l'avons écrit et lu, nous l'avons même érigé en monument pour symboliser son importance. Aussi, il n'est pas surprenant qu'il prenne une nouvelle direction. Cette direction est portée par la volonté de s'approcher plus près du vivant et de la matière. Les possibilités offertes par la biotechnologie ont permis à une nouvelle génération d'artistes d'émerger. Ces bio artistes[74] contemporains dessinent avec un nouvel outil, la vie, le vivant, dans de nouveaux ateliers : les laboratoires. Ils s'expriment avec des pinceaux sur de nouveaux supports. Le pinceau est souvent invisible, mais le support est vivant.

Un exemple de création qui pourrait être qualifiée d'artistique est celle des écrans faits de bactéries. Ces dernières remplacent les pixels pour afficher un message. Les bio artistes sont les chercheurs de l'Université du Texas à Austin et de l'Université de Californie à San Francisco. Ils ont réussi à afficher l'expression « Bonjour tout le monde ! » avec ce système vivant. Des bactéries E. coli programmées pour détecter et réagir à la lumière. Pour citer leurs mots, cela est rendu possible en utilisant un domaine protéique de cyanobactéries afin de contrôler le gène lacZ, qui peut cliver une molécule pour produire un pigment noir.

Nous avons de nombreux exemples défiant les possibles et les limites

---

[74] Catherine Voison, L'art contemporain au prisme des biotechnologies, 2014.

habituelles portées par des millénaires d'œuvres. La biocouture est le projet de générer des vêtements à partir d'organismes vivants. Faire pousser des vêtements est donc possible. Les biomatériaux émergent comme une promesse d'avenir. Jen Keane a développé un procédé de tissage microbien. Il s'appuie sur une modification de la croissance de la bactérie k.rhaeticus pour créer des fibres. La fibre obtenue est d'une robustesse exceptionnelle.

Il est possible de faire naitre du cuir avec des champignons. Si l'on savait depuis Lavoisier que rien ne se perd, rien ne se crée, tout se transforme, ces nouvelles combinaisons surprennent. La directrice de recherche de BioCouture, Suzanne Lee, fait pousser des vêtements comme on ferait germer des graines. Elle utilise du thé fermenté de kombucha pour créer des tissus[75]. Un mélange contenant des bactéries, des levures et d'autres microorganismes lui permettent d'obtenir des fibres de cellulose par un procédé respectueux de l'environnement et bien naturel[76]. Un art de très haute couture qui trouve son sens face aux enjeux que nous affrontons.

Nous ne pouvons parler d'art sans mentionner une de ses formes les plus séduisantes : la poésie. William Shakespeare la définissait comme une musique que tout homme porte en soi. Peut-elle se réinventer pour entrer dans une nouvelle ère technologique ? Et si cette progression permettait le symbole d'une longévité jamais égalée pour un poème récité par nature ?

---

[75] Meghana N. Thorat, Syed G. Dastager, High yield production of cellulose by a Komagataeibacter rhaeticus PG2 strain isolated from pomegranate as a new host, 2018.
[76] Samantha Michaels, A Conversation With Suzanne Lee, Sustainable Fashion Innovator, 2011.

CHAPITRE XI
Une poésie récitée par nature
Où la nature nous conte un poème.

Certains poèmes ont traversé les âges, portés par les sages et appris par les enfants. Nous avons tous le souvenir d'un poème oublié dont les vers nous reviennent à partir de quelques mots. La suite. Un poème maitrisé par nos âmes de mômes. Ceux qui s'en souviennent récitent les vers comme un souvenir d'antan leur ayant appartenu, comme pour remonter le temps et revivre l'instant naïf d'une récitation par cœur d'enfant. Un peu oublié, mais intact, un poème m'avait marqué de la sorte. Un seul vers de Victor Hugo, extrait du recueil *Les Contemplations*[77], qui appelle et me rappelle tous les autres. Intemporels, les mots sont toujours là, ils n'ont pas vieilli.

> Demain, dès l'aube, à l'heure où blanchit la campagne,
> Je partirai. Vois-tu, je sais que tu m'attends.
> J'irai par la forêt, j'irai par la montagne.
> Je ne puis demeurer loin de toi plus longtemps.
>
> Je marcherai les yeux fixés sur mes pensées,
> Sans rien voir au dehors, sans entendre aucun bruit,
> Seul, inconnu, le dos courbé, les mains croisées,
> Triste, et le jour pour moi sera comme la nuit.
>
> Je ne regarderai ni l'or du soir qui tombe,
> Ni les voiles au loin descendant vers Harfleur,
> Et quand j'arriverai, je mettrai sur ta tombe

---

[77] Victor Hugo, Les contemplations, 1856.

Un bouquet de houx vert et de bruyère en fleur.

Un lendemain qui restera demain. Un demain figé pour l'éternité. Un poème et un auteur, une œuvre parmi les chefs d'œuvres qui traverseront les âges. Transmis par l'écrit, transmis par le partage.

Des poèmes récités par nos cœurs, plutôt même par la vie, il en est désormais de nouveaux. L'un des plus naturels nous est offert par le poète suédois Christian Bök[78]. Le poème est un échange de vers qui fait écho à l'histoire tragique entre Orphée (Ὀρφεύς) et Eurydice (Εὐρυδίκη)[79]. Dans le mythe, Orphée était un musicien talentueux manipulant à merveille la harpe et le chant. Il tomba éperdument amoureux d'Eurydice, qui lui rendit cet amour. Cependant, juste après leur mariage, Eurydice fut mortellement touchée par un serpent. Orphée pleura cet amour perdu. Sa déchirure fut telle qu'il décida d'affronter le royaume des morts pour partir à sa reconquête. Grâce à ses talents, il réussit l'impossible, se défaire du chien Cerbère et retrouver Eurydice. Une condition fut toutefois posée par le gardien des enfers : Orphée pouvait repartir avec son amour à la seule condition de ne jamais la regarder sur le trajet du retour. Tandis qu'ils avaient presque terminé leur route, l'un derrière l'autre, Orphée se retourna, surpris par un cri d'Eurydice. Cette fois, il n'aurait pas de nouvelle chance, il remonta seul, désespéré, dans le royaume des vivants.

Le poème de Christian Bök offre un échange entre les deux amoureux. Ce dernier est candidat à une forme d'éternité. Il débute simplement par les mots d'Orphée, fils du roi de Thrace Œagre et de la Muse Calliopé :

<u>Orpheus</u>: *Any style of life is prim*
<u>Orphée</u> : *Toute forme de vie est primordiale*

Le projet de cette œuvre est faramineux : le faire réciter par la nature. Pour cela, il faut avoir recours à l'information génétique, celle de l'ADN. Ce premier vers sera encodé dans l'ADN d'une bactérie vivante. Les nucléotides

---

[78] Christian Bök, The Xenotext, 2015.
[79] Ovide, Métamorphoses (livre X): Orphée et Eurydice, 8 ap. J.-C.

sont utilisés comme un code pour représenter les lettres de l'alphabet. Un encodage à l'image de ce que l'on fait en langage binaire pour l'informatique moderne. Cependant, quand la cellule de cet organisme se multiplie, Bök souhaite lui permettre d'encoder dans son ARN une réponse, un écho : la voix d'Eurydice. Un poème biologique, comme un miroir de l'amour. La suite de ce vers est émise par un processus au cœur de la vie. Seulement, la nature a ses contraintes. Nous ne pouvons inférer sur le processus et le poème doit respecter une logique compatible. L'enzyme (Eurydice) doit répondre sans erreurs à Orphée, et ce même si l'on sait que l'ARN qui encode le gène est étroitement lié à l'ADN. Nous ne pouvons faire dire ce que l'on veut à dame nature. Pour faire vivre le poème dont les deux voix sont liées, l'artiste doit s'assurer que les lettres utilisées soient mutuellement transposables, conformément au procédé biologique imposé par son calque. La complémentarité des bases.

Du papier à la vie, chaque support fixe des contraintes, des limites, d'un rebord d'une feuille ou d'une toile, de la dureté d'une matière à sculpter, à la mélodie de la vie, à sa chimie, on ne peut se détourner de l'atome. Christian Bök est ici contraint par un procédé de substitution bijectif. L'apparition d'un E dans le premier vers sera irrémédiablement liée à l'apparition d'un Y dans le second et inversement. Il en est de même pour toutes les autres lettres et sur la totalité du poème. Si chaque lettre a son miroir, chaque mot a son image. Ainsi, le mot *toujours* (Any) sera traduit systématiquement par *le* (The). Pour accomplir un tel exploit technique et poétique, le vocabulaire est réduit. Il faut penser les mots par couples transposables. Aidé par un programme informatique, Christian Bök s'est construit un panel de mots éligibles, un dictionnaire des possibles. Il continua à travailler sur son objectif même après 15 ans d'efforts et plus de cent-mille dollars dépensés dans ce rêve. Faire réciter à la vie un poème n'est pas chose aisée. Finalement, le pari est annoncé réussi en 2011. Le code poétique, le gène X-P13, a bel et bien causé un changement de couleur à la bactérie E. coli au rouge phosphorescent. Cela signifie qu'une fois implanté dans le génome de cette bactérie, le premier vers du poème « toute forme de vie est première » obtient une réponse, un écho.

> <u>Eurydice</u>: *The faery is rosy of glow*
> <u>Eurydice</u> : *La fée est rose de lueur*

Les contraintes sont respectées et la mission réussie. La nature devient plus que jamais poétique. Nous irons jusqu'à dédier cet exploit à tous ceux qui ont pensé qu'il n'y avait pas de gêne poétique, un pied de nez à ceux qui n'y ont pas cru[80]. Le poème en question reste l'œuvre majeure, même si la technique et l'ambition associées sont sans comparaison dans l'histoire. Pour tenter d'en saisir une partie de son sens, il nous faut l'observer dans sa totalité et comme un jeu de métamorphose entre Orphée et Eurydice qui se répondent en se transformant.

La traduction est proposée à titre indicatif, car elle ne peut être fidèle et à la hauteur de l'original. Les études de ce poème et de sa signification ont été apportées par de nombreux auteurs. Quelques-uns des éléments les plus marquants ont été détaillés dans l'ouvrage de David Farrier[81]. Voici ce qui en est suggéré sur la volonté artistique de l'œuvre. Un parallèle est proposé par les échanges entre les deux amoureux comme une critique et une inquiétude sur le sens de la vie face au génie génétique. Si la métaphore n'est pas évidente, le terme « lyre » semble être utilisé comme un symbole du génie génétique. Il est corroboré par l'expression « rosy of glow » qui est utilisée en référence à la couleur fluorescente produite par la protéine *mCherry* qui est utilisée en génie génétique pour rendre les transcriptions visibles. C'est précisément celle qui a permis à Bök de pouvoir annoncer le succès de son opération. L'intrication des termes « rosy » et « life » apporte un œil sur la vie et ses modifications artificielles. Le parallèle tourne à une inquiétude clairement exprimée dans les chants de lamentation d'Orphée.

Il gémit son destin lié à la perte d'Eurydice. Possiblement lié à la perte de la vie (éternelle ?) et celle de la beauté portée par la rose. Un détail précieux est éclairé par l'étude de Ferrier qui précise que l'usage de l'expression « in fate we rely », « nous dépendons de notre destinée » ferait référence à la phrase du généticien et biochimiste James Dewey Watson au sujet du projet *Human*

---

[80] Gustafsson, C. For anyone who ever said there's no such thing as a poetic gene. Nature, 458, 703, 2009.
[81] David Farrier, Anthropocene Poetics: Deep Time, Sacrifice Zones, and Extinction, 2019.

Génome. Ce projet lancé en 1988 et ayant mené au séquençage complet du génome humain après plus de 15 ans de travail. Il affirmait : « Nous avions l'habitude de penser que notre destin était dans les étoiles, nous pensons désormais qu'il est dans les gênes. »

Orphée	**Eurydice**
Any style of life is prim	The faery is rosy of glow
Toute forme de vie est primordiale	*La fée est rose de lueur*
Oh, stay my lyre	In fate we rely
Oh, reste ma lyre	*Nous dépendons de notre destinée*
With wily ploys moan the riff	Moan more grief with any loss
Avec des stratagèmes rusés gémit le riff	*Gémir plus de chagrin avec toute perte*
The riff	Any loss
Le riff	*Toute perte*
Of any tune aloud	Is the achy trick
De tout air à haute voix	*Est le truc douloureux*
Moan now my fate	With him we stay
Gémir maintenant mon destin	*Avec lui, nous restons*
In fate we rely	Oh stay my lyre
Dans le destin nous comptons	*Oh reste ma lyre*
My myth	We wean
Mon mythe	*Nous sevrons*
Now is the word	Him of any milk
Maintenant est le mot	*Lui de tout lait*
The word of life	Any milk is rosy
La parole de vie	*Tout lait est rose*

Ce nouvel art modifiant la vie pourrait être précurseur de chagrin comme le stipule l'enchainement « avec des stratagèmes rusés » et « gémir plus de chagrin avec toute perte ». La fragilité de nos espèces est contée et le destin perçu comme une fatalité douloureuse, un deuil avant la fin. L'auteur conclut l'analyse du poème : « Grâce à Eurydice de Bök, la bactérie proteste contre la chose douloureuse qui lui est imposée. [...] cela ne doit pas être lu littéralement, mais, latéralement – du particulier au général, protestant également contre les régimes de violence plus larges qui entrainent l'extinction. La hantise de la célébration du potentiel biogénétique est donc une reconnaissance beaucoup plus sombre de la violence inhérente à ces projets et aux relations multi spécifiques en général. »

Il s'agit de la mise en abyme d'une œuvre poétique en abysse. Dans ce projet, transmettre par la vie n'est pas une garantie de transmettre à vie. Pour réussir cette quête, Bök envisage l'aide du D. radiodurans[82]. Cette bactérie est l'une des plus résistantes au monde. Elle est capable de survivre à des températures extrêmes, au vide, à l'acide, aux radiations ainsi qu'à la déshydratation. Elle est en mesure de ressusciter. Quelques heures après sa mort, elle peut revivre en réparant son ADN[83]. Loin des feuilles de papier froissé, un tel support à l'œuvre offre un rêve d'éternité pour un poète plus fragile que jamais[84].

---

[82] Cox, M., Rising from the Ashes: DNA Repair in Deinococcus radiodurans, 2010.
[83] Cox, M., Battista, J. Deinococcus radiodurans — the consummate survivor. Nature Reviews Microbiology, 3, 882–892, 2005.
[84] Zala, K. Q&A: Poetry in the genes. Nature, 458(7234), 35–35, 2009.

CHAPITRE XII
Un art vivant pour réinventer notre rôle
Quand écrire le vivant est un nouvel art.

Si l'art n'a jamais été une imitation de la nature, si beauté naturelle n'est pas beauté artistique, nous effaçons sans cesse les frontières et rebattons les cartes. Faut-il encore distinguer l'art et la nature ? L'homme a atteint une maitrise de la vie et de l'infiniment petit qui n'a rien de naturel, mais qui est digne d'une œuvre d'art. Et si la nature nous dictait désormais une forme d'art ? Peut-être fallait-il simplement les outils pour l'entendre, pour la comprendre. La vie pourrait devenir un support de l'art après en avoir été une métaphore pendant si longtemps. Nous l'avons vu, le support peut être le vivant. Le support est vivant. Le vivant est support. L'artiste réécrit des fragments de vie.

Nous comprenons le jeu dangereux auquel on se risque. À vouloir rendre esthétique le destin du vivant, on peut le détourner de sa beauté fonctionnelle. Enlever le sens du fonctionnel ou le perdre au détriment du beau peut déstabiliser la nature. Entre les deux, les artistes aux pinceaux génétiques (ce sont souvent des ciseaux[85]) et aux yeux microscopiques nous offrent un regard sublime d'une technologie de tous les dangers. L'homme a saisi sa chance, il a enrichi petit à petit le spectre de ce qui tombe sous son contrôle.

---

[85] En référence à CRISPR dénommé la technique dite des ciseaux génétiques.

> Nous l'avons vu mesurer le temps,
> Se battre pour en gagner,
> Mesurer les distances,
> Se battre pour découvrir,
> Puis conquérir les terres,
> Ériger des opinions,
> Se battre pour elles,
> Créer des œuvres,
> Se battre pour les conserver.

Il aura aimé, il aura tué, il aura contrôlé le feu, inventé les outils, la chasse, l'art, l'écriture, l'agriculture, les sciences. Il aura surtout et depuis toujours survécu et vécu. Sur cette terre, il aura su passer et se surpasser. À une époque, on l'a vu s'envoler dans l'espace, plus loin que jamais, plus haut que nous, comme pour refuser son destin de terrestre. Pourtant, au travers de son histoire et de toutes ces histoires, il y avait bien une chose qu'on ne l'avait jamais vu faire. Jamais on ne l'avait vu écrire le vivant, l'inventer, le synthétiser ou le manipuler. Il ne s'agit pas ici d'un simple et banal pouvoir de mort, il s'agit d'un pouvoir beaucoup plus puissant et dangereux. C'est le pouvoir de la vie. Celui de l'écriture de la vie, de l'altération de la vie.

Si l'on s'en tient à la dimension artistique, s'accorder à coup de génie le pouvoir de réécrire le matériel génétique pour un simple désir esthétique, est-ce éthique ? L'homme est déjà une œuvre, un produit naturel. Il est certainement l'un des chefs-d'œuvre parmi les œuvres, le résultat d'une évolution rendue possible par la nature, ses lois et peut-être un certain hasard, une volonté créatrice et de survie certainement. Il est à la fois l'œuvre et son résultat. Il a acquis le pouvoir de dominer au moins partiellement son logiciel, son patrimoine génétique et ceux de certains vivants qui l'entourent. Est-il en train de se recréer dans un élan artistique ? Il aura peu à peu brouillé les pistes et cassé les codes. À ce jour, natures digitales et organiques perdent de leurs différences et de leur dualité.

Il semble plus que jamais que
Le tout prend le sens du un
Et le tout à un sens.

CHAPITRE XIII
De l'art à la nature
Où l'art et la nature se rejoignent.

L'homme est constitué et entouré d'une multitude de formes de vie simplement fascinantes. Le plancton, le phytoplancton auquel nous devons une bonne partie de notre oxygène. Le saxifrage pyramida, le Welwitschia mirabilis, le Rhynchostruthus, le rat-taupe nu symbole de résistance, le Beatragus hunteri, le Gecko, Turritopsis nutricula au pouvoir d'une fée et tant d'autres sont de cette partie, sont de la vie. Plus de mille-milliards d'espèces qui s'activent à chaque instant avec plus ou moins de discrétion. Le jour et la nuit, sur chaque recoin de cette vieille terre, la vie est là et c'est inouï. Tant de vie qu'une grande partie nous est encore inconnue et une majorité totalement imperceptible et inaccessible. Une modestie surprenante de notre époque. Époque où la terre est sur écoute et où l'on prétend l'omniscience par les données massives.

Notre existence, en plus d'être coincée dans l'étau du temps, se retrouve enfermée entre un infiniment petit et un infiniment grand, entre un passé gigantesque et un avenir incertain. L'homme est condamné à observer cette merveille de ses simples yeux et via un angle réduit de cette infinité des possibles. Depuis un instant du temps et sans artéfact, il captera son inspiration de ce qui l'entoure, de la nature et du monde dans un présent qui s'éclipse. Pour le reste, il utilisera un effort d'imaginaire et d'abstraction pour s'en faire une raison.

Quand dans son miroir il voit double, l'homme nous offre des odes à l'amour, des mots choisis dans un ordre sublime, des éclairs de beauté et d'amour qu'il ne saurait trouver autrement. Louis Aragon aura sublimé les yeux d'Elsa, Pierre de Ronsard, Alphonse de Lamartine et tant d'autres auront chanté la beauté d'un amour dans un double. Bök aura même donné vie à Orphée et Eurydice.

> La nature comme un art est remarquable
> À toutes les échelles et à tous les temps
> Si j'ai un doute sur son futur
> Elle conserve aujourd'hui beaucoup de mystères
> Que l'on ne peut observer qu'au conditionnel
> Nous dévoilons quelques-uns de ses secrets
> Dans la suite de notre parcours imparfait.

Résumé de la Section

La technologie ouvre de nouvelles portes de nos expressions artistiques. Si l'art ne s'était jamais fixé de limites, il en était pourtant victime au travers de ce que l'on ne peut imaginer, de ce que l'on ne peut vivre, de ce que l'on ne peut manipuler, de ce que l'on ne peut créer.

Le Soleil a été le compagnon privilégié des artistes au fil des siècles et des millénaires. Les technologies nous ont offert un nouveau Soleil, une nouvelle manière d'observer le monde, de le représenter, de le penser, une nouvelle heure au cadran de la montre. Nous avons basculé d'une époque anthropocène à une ére algorithmocène. Cette dernière a tendance à nous confiner, tandis que l'art n'a cessé de rechercher une expression libre et souvent hors du cadre.

Une machine peut-elle penser en dehors de son propre cadre ? C'est ce que le coup 36 nous apprendra ou plus justement, nous laissera croire. L'intelligence artificielle s'est frayée un chemin artistique dans de nombreux domaines. Elle a ouvert une piste en musique ou elle apprend à jouer, mais aussi dans l'écriture où elle apprend à analyser et presque à psychanalyser. Elle progresse même dans la peinture où elle imite les styles et produit de nouvelles œuvres d'artistes disparus.

Les technologies semblent apporter des œuvres sans support où la création se mémorise sous forme de bits dont on ignore l'essence, l'existence et la subsistance temporelle et spatiale.

Enfin, la nature serait-elle un nouveau support ? Une nouvelle source d'inspiration à une échelle jamais étudiée jusqu'alors. Nous avons lu la musique dans les partitions du vivant. Nous avons écrit nos partitions et nos textes dans le vivant. Nous avons utilisé le vivant pour créer l'art. Nous aurons même fait réciter une poésie par l'œuvre de la nature.

La jointure de l'art, de la technologie et du vivant offre un regard inégalé sur notre pouvoir, sur nos faiblesses et nos espérances. Un regard sur la fin des frontières organiques et digitales, un regard sur ce qui devient peu à peu la nouvelle nature de l'homme. Dans la suite de notre quête, explorons cette nature hybride. Rappelons-nous de ces merveilles et de son rapport à l'homme. Nous pourrons alors peut-être mieux comprendre la teneur des possibles. Les chemins que pourra prendre la nature numérique.

De la nature numérique et organique

Où la nature organique et digitale se mélangent et se confondent pour le pire et pour le meilleur.

« Une révolution tranquille est en cours. Elle se produit sous le microscope, à l'échelle moléculaire, loin de notre quotidien. Un nouveau genre de designers s'inspire de la biologie et de la bionique pour repenser notre monde en réorchestrant notre relation à la nature. »

thisisalife.com

Nature numérique de l'homme

CHAPITRE PREMIER
Une merveille
Où la nature dépérit tout en restant silencieuse.

Dans son célèbre *discours de la méthode*, René Descartes explicite le besoin de rendre l'espèce humaine comme maitre et possesseur de la nature, en particulier dans la quête d'une meilleure santé. Une phrase qui fait écho à nombre de nos débats actuels. S'il est utopique de considérer que le progrès n'apporterait que sagesse aux hommes, il est important de noter que comme ne signifie pas être maitre et possesseur de la nature. La maitrise intellectuelle mentionnée fait référence à une meilleure compréhension de son mode de fonctionnement afin de mieux appréhender notre place et anticiper les enjeux d'une humanité au pouvoir technologique grandissant. Le philosophe précise[86] : « Nous rendre comme maitres et possesseurs de la nature. Ce qui n'est pas seulement à désirer pour l'invention d'une infinité d'artifices, qui feroient qu'on jouiroit sans aucune peine des fruits de la terre et de toutes les commodités qui s'y trouvent, mais principalement pour la conservation de la santé, laquelle est sans doute le premier bien et le fondement de tous les autres biens de cette vie ; car même l'esprit dépend si fort du tempérament et de la disposition des organes du corps, que, s'il est possible de trouver quelque moyen qui rende communément les hommes plus sages et plus habiles qu'ils n'ont été jusques ici, je crois que c'est dans la médecine qu'on doit le chercher. »

Aujourd'hui, cette nature est en souffrance. Le rapport[87] planète vivante du WWF (Fonds mondial pour la nature) établi en partenariat avec la Société

---

[86] René Descartes, Discours de la méthode, 1637.
[87] Grooten, M. and Almond, WWF. 2018. Rapport Planète Vivante, Soyons ambitieux. R.E.A. WWF, Gland, Suisse, 2018.

Zoologique de Londres nous informe de la dégradation grandissante de nos écosystèmes. Le célèbre Indice Planète Vivante (IPV) indiquait en 2018 une baisse de 60 % des quelques 16 000 populations représentant 4000 espèces en un peu plus de quarante ans. Une expression sinistre des pressions que nous exerçons sur la planète.

Si un contrat naturel était déjà envisagé depuis plus de 30 ans par le philosophe Michel Serres, il ne s'est finalement fait entendre que bien tardivement[88]. Ce contrat proposait de compléter le contrat social pour y ajouter un contrat de l'homme avec la nature. Une proposition qui reste d'actualité, notamment avec les modifications envisagées de la constitution afin de souligner l'importance de ce débat. Son urgence se fait ressentir tant par le constat naturel que par l'émergence de technologies qui offrent un pouvoir de modification et de destruction massive de l'homme sur la nature, dont il fait lui-même partie en tant que bénéficiaire et victime. Pourtant, qui ne peut s'émerveiller d'une telle richesse même en partie disparue. Il est d'autant plus cruel que celle-ci disparaissant, elle parait encore plus belle. À l'image d'un souvenir qui commence à s'effacer, et que l'on s'efforce de raviver dans notre mémoire chaque fois que l'occasion se présente. Imaginez un seul instant face à vous l'ensemble des espèces de cette planète. Elles seraient figées à ce moment précis. Un représentant de chaque espèce se tiendrait là et vous donnerait la mesure du possible. Un éléphant, une girafe, un loup, une bactérie, une baleine, une perruche, un poisson-clown, un serpent, une chenille, un kangourou, une loutre, un koala, un crustacé, un panda… Tous réunis pour vous montrer un échantillon infime de la variété de ce qu'est la vie. De toutes leurs différences, leurs tailles, leur complexité, leur beauté, leurs couleurs, ils nous ravissent, nous attendrissent, nous font peur, nous émerveillent, nous nourrissent et nous instruisent.

La science a longtemps discuté de l'étonnante clarté et simplicité de la grande théorie de l'évolution de Charles Darwin. Comment atteindre une forme de vie aussi complexe que l'homme sur les bases de la sélection et de la mutation ? Comment imaginer que l'humanité entière descende d'un ancêtre commun ? Une théorie qui explicitera aux yeux du monde le paradoxe évident

---

[88] Michel Serres, Le contrat naturel, Le Pommier, 1990.

de la vie. Les formes de vie se ressemblent en même temps qu'elles sont différentes. La ressemblance est portée par l'origine commune des espèces, et s'observe au travers de l'universalité presque insensée de l'ADN, présent dans toutes les formes de vie et portant en même temps toute la différence dans son unité. Une variété comme effet du temps et des modifications qui ont eu lieu au cours de l'histoire et des espèces, des branches qui se sont créées et ont peu à peu mené à une forme de vie pensante et unique qu'est *homo sapiens*. L'arbre est le symbole s'il en est de la vie, de l'origine, des espèces et du savoir. Une phrase forte sera prononcée par le généticien Théodosius Dobzhansky : « Rien ne fait sens en biologie si ce n'est à la lumière de la Théorie de l'évolution. » Les trois observations ayant mené à la théorie la plus importante de l'histoire de la biologie sont les suivantes. Les caractéristiques des espèces varient et semblent être héritées de génération en génération. Une population peut produire beaucoup plus de progénitures que ce qui peut survivre. Cela permet une compétition naturelle. Et enfin, les espèces semblent particulièrement bien adaptées à leur environnement.

La théorie soutient que les individus dont les traits héréditaires sont mieux adaptés à l'environnement local sont plus susceptibles de survivre. Ils sont plus aptes à se reproduire que les individus moins bien adaptés. Une idée qui aura été inspirée de l'observation des différentes formes de bec des pinsons des iles Galapagos particulièrement bien adaptés à leur environnement. Au fil du temps et des générations, on observera une proportion de plus en plus élevée d'individus qui possèdent des caractéristiques avantageuses. Une évolution se produit, car le succès reproductif inégal des individus mène à une adaptation. C'est ainsi que la nature peut contenir des secrets, illisibles de prime abord, mais qui dictent son œuvre. Elle aura appris du temps, un temps inaccessible à l'échelle d'un homme, des règles et des adaptations remarquables. Observer la nature nous apporte un regard ouvert sur un passé sensible, devenu, au fil des âges, un présent intelligent et fragile.

Toutes ces formes de vie sont-elles le résultat du hasard, du spontané et d'une adaptation à une fonction ? Les êtres vivants disposent d'une esthétique pratique si remarquable, à peine croyable. Leur existence est un don béni du ciel, du hasard ou de la nécessité, tout comme la nôtre.

Nature numérique de l'homme

La nature nous a gâtés de millions d'espèces dont nous n'observons et ne connaissons qu'une infime partie.

>Peut-on appréhender la complexité de ce qui nous entoure ?
>Les physiques qui font que les choses sont
>Et qui font ce qu'elles sont
>Les mythes qui font ce que les croyances sont
>Et qui font ce qu'elles sont
>Les mots qui font que les langues sont
>Et qui font ce qu'elles sont
>Tant de questions sans réponses
>Tant de questions inconnues
>Le monde a ceci de merveilleux
>Tant que nous n'aurons saisi sa complexité
>Il conservera quelque chose de magique, de pieux
>Quelque chose qui semble aux mains d'un créateur
>Ce quelque chose d'incompréhensible, qui prend sens
>Ce quelque chose qui nous fait oublier le comment
>Et nous permet de voyager dans la beauté
>Pour rêver notre réalité
>Chaque jour d'éternité

Une des rares choses dont je sois à peu près sûr, nous ne saisirons pas de sitôt la complexité de ce monde, de cette nature. Nous pouvons dès lors rêver sur nos deux oreilles. Ni les sciences, ni la religion, ni les mythologies n'offrent une explication satisfaisante et exhaustive de cette réalité. Et bien plus encore, de la mort, du passé et de notre avenir. Alors,

>Chaque jour, quand je me réveille, je m'émerveille
>L'impossible semble être toujours possible
>L'inconcevable semble être conçu
>L'inimaginable a été imaginé
>L'improbable a eu lieu
>Nous sommes là
>Vous êtes là
>Ah !

Les deux pieds ancrés sur terre, posés par la gravité, assemblés par atomes et liaisons hydrogène bien accommodés, maintenus par l'interaction forte, informés par notre ADN, intelligents comme peut nous le permettre notre matière et vivant comme on peut prétendre l'être. Y a-t-il une quelconque gravité à s'accommoder de cette matière intelligente dont nous tenons la vie ? Tant d'énergie, en un lieu, en un instant, puis qui part et s'évanouit. Cette énergie est une chance, elle est notre chance. Elle permet de contempler la nature qui s'offre à nous dans un rayon de soleil.

Les technologies ayant si bien rapproché les humains, rétréci les distances, nous ont ouverts les yeux sur la grandeur du monde et de ses merveilles. Friedrich Nietzsche ayant consacré de nombreux travaux à l'art, accordera à la nature un sens artistique premier : « Des forces artistiques jaillissent de la nature elle-même sans la médiation de l'artiste et par lesquelles la nature trouve à satisfaire primitivement et directement ses pulsions artistiques. » L'artiste a le devoir de transcender cette œuvre pour la sublimer.

Continuons notre route à la recherche de ces œuvres de la nature. Dans cette quête, la science et la technologie nous ont bien évidemment permis d'en déceler quelques secrets. Répondront-ils à nos interrogations ?

CHAPITRE II
Merveilles cachées de la planète
Où l'auteur découvre notre planète sous un nouvel œil.

L'homme digitalise. Il sonde, il traque, il mémorise tout sur son passage. Il attrape cette réalité qu'il enferme dans des boites numériques comme pour mieux lui donner l'impression d'exister. Peut-être est-ce bon signe pour notre effort de mémoire ? Les technologies permettent la captation de données et d'évènements par deux grands types de capteurs de fiabilités et performances variables. D'un côté les capteurs physiques : sondes, microscopes, télescopes, caméras, satellites, smartphones, imageries par résonance magnétique, magnétomètres, etc. De l'autre, un capteur né avec le numérique : l'humain. Accompagné de son acolyte dénommé un peu à tort, téléphone intelligent, il traque son environnement et le restitue dans les blogues, les bibliothèques photos, les tweets, les messages sur les réseaux. Il offre le résultat de cette prise de vue à des géants du web (par exemple Google, Facebook) qui stockent tout cela précieusement.

Les caméras incrustées sur le toit de la *Google Car* ont permis la numérisation de toutes les routes de la planète. Les satellites effectuent un travail de fourmis depuis des années à la recherche du moindre lopin de terre et de bitume à numériser. Certains satellites sont capables de lire le journal derrière notre épaule. Ils fournissent une image de la planète jusqu'alors inaccessible. Si cela fait peur, regardons plutôt les découvertes qui nous réjouissent. À cette occasion, nous avons pu découvrir de nouvelles terres, des lieux inexplorés[89], une mine d'or pour la connaissance. Parmi les nouvelles trouvailles, l'ile dite de *Spinning Island* visible sur la Figure 18, découverte en Argentine grâce aux

---

[89] Par exemple le Mont Mabu au Mozambique.

images *Google Earth* parcourues par Sergio Neuspiller, producteur et réalisateur de films à la recherche d'un lieu de tournage. Cette singularité découverte en 2016 est un disque flottant dans un lac circulaire, comme un œil dont le centre bouge chaque jour et qui donne l'impression de prendre vie. Un petit œil de notre planète.

Une autre découverte fascinante est celle de la plus Grande Arche naturelle d'une hauteur de 120 mètres identifiée en 2010 par Jay Wilbur de la *Natural Arch and Bridge Society* (NABS) grâce aux images satellites. Elle est située à Xianren dans la région autonome du Guanxi en Chine.

Figure 18 : L'île dite de spinning island en Argentine.

En 2011, des scientifiques ont retrouvé grâce à l'analyse des images infrarouges d'un satellite de la NASA des trésors cachés d'Égypte. Au total, 17 pyramides et plusieurs milliers de tombes et maisons ont été identifiées[90]. Elles étaient enfouies sous le sable depuis des millénaires, cachées et comme

---

[90] www.planet.fr/dossiers-de-la-redaction-egypte-17-nouvelles-pyramides-decouvertes-par-un-satellite-de-la-nasa.74482.1466.html

protégées par la nature. En 2020, certains de ces joyaux sont sortis de terre. Les cinquante-six sarcophages découverts dans la région de Saqqarah ne font que nous rappeler à l'ordre. Les merveilles de ce monde ne sont pas que dans l'infiniment petit ni dans l'infiniment grand. Elles sont parfois cachées sous nos pieds. Quelquefois même, elles sont cachées en nous. Mais nous aurons l'occasion d'y revenir.

J'ai le souvenir d'une visite sur un forum en amont d'une marche aux célèbres montagnes bleues à l'abord de Sydney en Australie. Couleur que l'on doit à l'essence produite par les forêts d'eucalyptus et qui est émise dans l'air. Un promeneur annonçait avoir trouvé les traces de gravures aborigènes non répertoriées. Cachée sous la végétation et camouflée par les arbres, la découverte fut confirmée par les scientifiques. Là encore, nos moyens de communication et de localisation y sont pour quelque chose. Cette capacité de voir plus fin, plus loin, au travers de la matière est source de mémoire, de souvenir, de découverte.

> Nous, qui voyons plus petit que jamais, plus loin que toujours.
> Nous, qui avons solidement attaché nos planisphères sur les murs des écoles, telle une image figée de ce monde.
> Nous, qui avons écrit et imprimé notre histoire et listé nos espèces dans des collections, des musées, des encyclopédies et des arbres phylogénétiques tels des constats immuables.
> Nous, qui avons digitalisé notre savoir et notre planète.
> Nous, qui possédons le pouvoir de tout détruire.
> Nous pouvons encore être émerveillés par l'inconnu et le nouveau.
> Nous avons encore tant à découvrir et à inventer.

À l'image de Saqqarah, du quantique, du cerveau, des fumeroles sous-marines où la vie serait peut-être encore en train de naitre, la planète nous a subtilement caché certains trésors, comme pour ne pas les divulguer trop vite. Elle ne les rend accessibles qu'au fil de patience, de science, de sagesse et de progrès. Elle continue discrètement d'en créer de nouveaux au rythme des secondes, des jours, des années, des siècles et parfois de millénaires. Il reste d'innombrables merveilles jamais découvertes et vierges de tout regard, des trésors perdus qui apparaissent et nous ramènent à nos rêves d'exploration vers un monde inconnu et merveilleux à parcourir.

Si la planète est la même, l'âge nous a enlevé trop souvent nos rêves d'enfant. Je ne sais si c'est cela la sagesse. Il me semble qu'elle prend place dans l'émerveillement. Après tout, ce que l'on garde de plus immuable de l'enfant au vieillard, ce sont nos yeux, notre regard. Il ne semble pas vieillir avec le temps. Il est identique pour nous offrir un émerveillement qui ne peut se ternir.

J'aime à penser que si l'homme poursuit tous ces efforts pour découvrir les secrets cachés de notre planète, c'est pour, au bout de son aventure, comprendre qu'il lui doit tout[91]. En l'observant de près, elle nous transmet certains de ses secrets.

---

[91] Epelde, G., Morgan, F., Mujika, A., Callaly, F., Leškovský, P., McGinley, B., et al. Web-Based Interfaces for Virtual C. elegans Neuron Model Definition, Network Configuration, Behavioral Experiment Definition and Experiment Results Visualization. Frontiers in Neuroinformatics, 12, 80, 2018.

CHAPITRE III
Une leçon d'esthétique toute naturelle
Où la nature tente de nous expliquer sa beauté.

La nature inspire des moments de vérité à qui prendra le temps de la contempler et de la comprendre. D'un oiseau qui s'envole, à une fleur qui éclot, d'un nuage qui disparait à un papillon qui s'envole, tout semble sagesse. La nature se fait comme un reflet de nos épreuves, de nos angoisses, de nos réussites et de nos espoirs. Elle apporte des leçons, des fables qui valent la peine d'être comptées. Elle dispose également d'une certaine élégance mathématique que l'on découvre au travers de la symétrie, des lois et quelquefois des nombres.

Les Français ont le cœur heureux. Nous pouvons le mesurer au regard de notre optimisme sans failles et face à une simple marguerite que l'on effeuille avec simplicité et certainement une pointe de cruauté. Notre cœur nous offre un chant d'espérance : « il m'aime, un peu, beaucoup, passionnément, à la folie (plus que tout), pas du tout, il m'aime, un peu, beaucoup, etc. ». De l'autre côté de l'Atlantique, la ritournelle est moins poétique et plus hasardeuse : « Il m'aime, il ne m'aime pas, il m'aime, il ne m'aime pas, etc. ». Rien, n'ôtera ce romantisme aux Français. Quel sort réservera le dernier pétale ? Un imaginaire rêvé, un réel espoir ou une triste désillusion.

Les marguerites ont été scrutées par les scientifiques qui cherchaient en elles une forme de réponse à la beauté universelle. Une recherche de structures ordonnées (Figure 19). Un simple comptage du nombre de pétales de cette perle suffirait-il à en révéler le mystère ? Observons là de près. Les étamines au cœur de nos marguerites forment des spirales. Très souvent le même nombre : 21 dans le sens direct et 34 dans le sens indirect. Ajoutons que ces marguerites possèdent souvent 21 pétales.

Figure 19 : Illustration de la présence des nombres de la suite de Fibonacci dans la nature. Une image qui illustre la structure très ordonnée qui caractérise le vivant.

Les pommes de pin, quand elles sont observées de dos possèdent souvent 13 spirales dans le sens direct et 8 dans le sens indirect. Le cœur du tournesol, dispose de 34 spirales directes et 21 indirectes. Continuons. Les spirales du chou sont au nombre de 8 dans le sens direct et de 5 dans le sens indirect. Sur sa version étonnante, le romanesco dispose de 8 spirales directes et de 13 indirectes. Tout cela en est romanesque, mais peut-être pas du premier coup d'œil.

Le mathématicien et fondateur de la comptabilité, Luca Pacioli, y voyait un idéal tombé du ciel. Pour s'en convaincre, il faut s'en remettre au célèbre mathématicien italien Léonardo Fibonacci. L'homme de science a développé une suite de chiffres. Cette suite peut s'obtenir en additionnant successivement et à l'infini les deux nombres précédents de la suite. Trivialement, les deux premiers choisis seront 0 et 1. Les valeurs se calculent alors avec aisance et élégance 1 (0+1) ; 2 (1+1) ; 3 (2+1) ; 5 (3+2) ; 8 (5+3) ; 13 (5+8) ; 21 (13+8) ; 34 (21+13), etc. Ces chiffres naturels qui sont d'une certaine manière associés aux métaux appartiennent à cette liste.

S'arrêter là ne permettrait pas de lever le mystère. Si ce n'est d'appartenir à la même liste de nombres, quels points communs auraient donc tous ces chiffres ? Précisément, un nombre : le nombre d'or.

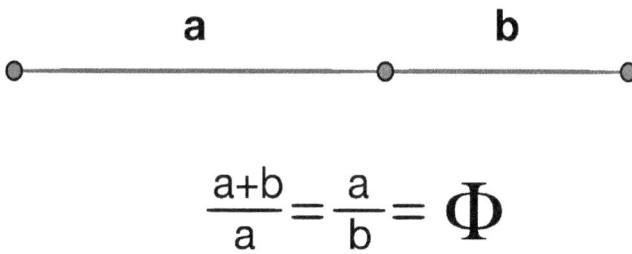

Figure 20 : Représentation mathématique et géométrique de la proportion parfaite.

Ce chiffre est le Phi (φ) qui permet d'obtenir un rapport parfait entre le tout et la partie. Le maître d'œuvre du Parthénon d'Athènes n'y est pas pour rien dans notre histoire. Phidias est l'auteur de la troisième merveille du monde, le Zeus chryséléphantin. Une merveille disparue dans un incendie à Constantinople en 461. Son autre merveille, le Parthénon a montré de nombreux liens avec ce nombre.

Considérons deux segments dont un grand dénoté a et un petit dénoté b (voir Figure 20). Le segment total est de taille $a + b$. Pour un rapport parfait, une proportion parfaite, on recherche la valeur qui permette d'obtenir le même ratio du grand segment (a) sur le petit (b) à celle du segment total ($a + b$) sur le grand segment (a). Euclide l'exprimait comme tel dans le *livre VI des éléments* : « Une droite est dite coupée en extrême et moyenne raison quand, comme elle est tout entière relativement au plus grand segment, ainsi est le plus grand relativement au plus petit. »

Les mathématiques nous permettent d'établir le calcul en simplifiant l'équation considérant une longueur de segment de référence 1. Sous cette condition, $b = 1 - a$ et le système n'a plus qu'une inconnue : $x^2 = x + 1$.

La solution positive retenue correspond à cette proportion d'or : $\frac{1+\sqrt{5}}{2}$. Celle qui harmonise avec beauté le rapport du tout à la partie : 1.618. Nous noterons que deux éléments consécutifs de la suite lorsque divisés l'un par l'autre se rapprochent de ce nombre. Cette observation est d'autant plus juste que l'on avance dans la suite de Fibonacci. Pour la conclusion de cette leçon mathématique, il faudra analyser la taille des feuilles. Vous découvrirez alors que celles-ci s'inscrivent souvent selon des proportions en or[92]. Un rectangle, une spirale ou simplement un nombre en or. Ce nombre irrationnel, métallique est si naturel. Observez avec un œil fin et calculateur la feuille du figuier, les spirales des marguerites vous permettront d'y retrouver peut-être à nouveau la suite et d'y découvrir la proportion divine[93].

Les observations de ce nombre dans la nature n'ont cessé d'augmenter au fil du temps (du moins en apparence), toujours avec le doute de sa vérité absolue recherchée par les hommes. Dans le cas des plantes, on a pourtant fini par s'en convaincre. Un modèle de disposition des feuilles sur une tige a été proposé, on parle de phyllotaxie. Ce modèle permet d'expliquer comment l'observation du nombre d'or est possible. Elle est la cause d'un mécanisme de croissance de la tige qui consiste à développer les organes les uns après les autres en respectant un espace entre eux de sorte à leur permettre d'assurer un développement optimal. C'est principalement le fruit d'un inhibiteur qui empêchera le développement d'organes trop proches les uns des autres. Le modèle mathématique a montré un lien avec le nombre d'or. Le résumé de la contribution est probant et l'un des meilleurs liens démontrés à ce jour de manière indiscutable entre la nature et le nombre d'or[94]. Les chercheurs nous indiquent : « un ordre cristallin spécifique, impliquant la série de Fibonacci,

---

[92] Lüttge, U., & Souza, G. M. The Golden Section and beauty in nature: The perfection of symmetry and the charm of asymmetry. *Progress in Biophysics and Molecular Biology*, 146, 98–103, 2019.
[93] Fernando Corbalan, Etienne Ghys, Cédric Villani, Le nombre d'or : Le language mathématique de la beauté, 2013. Série de livres « Le monde est mathématique » est dirigée par le célèbre Cédric Villani décrit un ensemble de mystères mathématiques pour mieux comprendre le monde qui nous entoure.
[94] S. Douady and Y. Couder, Phyllotaxis as a physical self-organized growth process, Phys. Rev. Lett. 68, 2098, 1992.

n'avait jusqu'à présent été observé que chez les plantes. Ici, ces motifs sont obtenus à la fois dans une expérience de laboratoire de physique et dans une simulation numérique. Ils résultent de l'autoorganisation dans un processus itératif. Ils sont sélectionnés en fonction d'un seul paramètre décrivant l'apparition successive de nouveaux éléments et des conditions initiales. » L'ordre est expliqué par la tendance du système à éviter une organisation rationnelle périodique, conduisant à une convergence vers la moyenne d'or. Une autoorganisation intelligente qui nous a offert le nombre d'or. Son sens est plutôt simple, une organisation périodique des feuilles sur la tige au moment de sa croissance aurait conduit à l'empilement de ces dernières les unes sous les autres. Dans de telles conditions, seules les feuilles les plus hautes ont un accès privilégié au soleil, à la lumière. Les autres n'auraient pu obtenir une croissance convenable. Dans l'observation, les feuilles se gênent le moins possible pour favoriser une répartition optimale sur la tige et maximiser l'accès à la lumière. Cette évolution était nécessaire.

Est-ce parce que nous cherchons ce nombre et que nous voulons le voir que nous le mesurons ? Existe-t-il en dehors de notre esprit ? Cette question est aussi complexe que celle de la conscience, de l'intelligence ou de la réalité. Son existence se justifie-t-elle en dehors de notre volonté ? Quoi qu'il en soit, elle prône un esthétisme de la nature. Cette proportion d'or avait même été dénommée proportion divine par le moine Mathématicien Fra (Frère) Luca Pacioli dans un écrit en 1498. Ce dont on ne peut douter, c'est de son usage par l'homme. Même s'il n'avait de vérité que dans nos têtes, nous avons construit des objets qui s'en inspirent et qui lui confèrent une réalité indéniable. Une croyance qui impacte la réalité et que connaissent bien les anthropologues. Une carte de crédit, une feuille de papier, un logo du National Geographic, d'Apple ou même des interfaces de sites internet. Sa réalité est désormais ancrée par nature ou par croyance.

Finallement, nous avons découvert un lien intriguant entre la taille des crânes (l'arc nasioiniaque divisé par l'arc pariéto-occipital et l'arc pariéto-occipital divisé par l'arc frontal) des espèces de primates et le nombre d'or. Il a été montré par les chercheurs de l'université Johns-Hopkins que la dimension des ratios des crânes se rapproche de plus en plus du nombre d'or en fonction de la sophistication des espèces. De manière surprenante, comme une prophétie, les humains occupent la place la plus proche de phi (φ). Les chercheurs pensent que cette découverte pourrait avoir d'importantes implications anthropologiques et évolutives[95].

Notre espèce a-t-elle convergé vers une forme d'idéal, d'excellence, d'optimum, de beauté ? Une forme nous permettant la création des technologies les plus sophistiquées. Est-ce pour atteindre un objectif ? Un dernier objectif ? Une nouvelle fois, les questions s'empilent et les réponses se font rares.

Si la nature a trouvé le sens utile de l'esthétique, elle nous apprend aussi une forme de sérénité et un nouveau regard sur notre rapport au temps.

---

[95] Rafael J. Tamargo, Jonathan A. Pindrik. Mammalian Skull Dimensions and the Golden Ratio (Φ). Journal of Craniofacial Surgery; 30 (6), 2019.

CHAPITRE IV
Une nature aux allures de vérité
De la sagesse des arbres.

Quel plaisir de faire venir à soi la couleur bleue de notre ciel ou la lumière des étoiles lointaines issues de notre passé. Une nature si belle et si juste qu'elle nous inspire une forme de vérité. Nous la retrouvons également par les arbres. Ils marquent notre temps tout en dépassant notre échelle d'existence. En cela, ils nous surpassent et nous content une forme de philosophie.

Le vieux cèdre du Liban apporté d'Angleterre par Bernard de Jussieu en 1734 au jardin des plantes parisien se tenait fièrement debout lors de la Révolution française. Aujourd'hui, il est toujours là pour observer avec curiosité nos manifestations modernes. Il aura salué nos arrière-grands-parents et fréquenté une période de l'histoire qui nous est à tous inconnue, ou seulement connue au travers de mots et d'histoires vécues par procuration. Ce déphasage de nos échelles de temps semble incontestable, rassurant et vecteur de bonheur. Comme un dernier de ses pouvoirs surnaturels, la sagesse portée par la nature semble se transmettre au promeneur. Un modeste rêveur, tombé du ciel dans une époque, sans l'avoir choisi.

Bien plus vieux que le cèdre du Liban, nous savons que certains arbres peuvent vivre des milliers d'années. C'est le cas du surprenant pin de Bristlecone Mathusalem (Figure 21). Nous le retrouvons à plus de 3000 mètres d'altitude au cœur des White Mountains Californiennes. Ce pin est nommé en hommage au personnage le plus âgé mentionné dans l'Ancien Testament, mort à l'âge de 969 ans finalement assez jeune au regard de l'âge des représentants de son espèce. Le plus ancien, Prometheus (Προμηθεύς), fut évalué à plus de 5000 ans par dendrochronologie. Malheureusement coupé, par nécessité ou par hasard, dans le cadre d'une étude scientifique sur le sujet.

Vous rencontrerez certainement sur votre chemin, et pas si loin de chez vous, des cèdres d'une autre époque. Sous leurs branches, des plantes bien plus modestes parsèmeront le sol. Bien qu'elles vous offrent des fleurs, elles s'éteindront vite au regard du géant. Comme une impossible fable à l'image d'Orphée et d'Eurydice. Si une amitié naissait entre les deux espèces, elle ne durerait jamais que quelques printemps. Ce lien qui lierait les deux spécimens serait, chaque nouvelle année, aussi fort pour l'éphémère spécimen. Devant cette amitié pure, si nouvelle et fragile, chaque année, le cèdre ne pourrait qu'ouvrir son cœur. Chaque cycle marquerait la fin de cet amour. L'un serait figé dans une forme d'éternité et l'autre dans un amour naïf et vif. L'un dans un amour défait et l'autre dans un amour éternel.

Figure 21 : Pin de Bristlecone Mathusalem.

Une situation qui pourrait se relater en histoires d'hommes dans un futur proche. Si nous allongeons nos espérances de vie, si nous rendons artificielles nos intelligences, les émotions ne seront pas très loin. D'un homme à un surhomme, d'un mortel à un immortel, d'un mortel à un semblant d'immortel, que peut-on espérer ? L'amour s'est toujours inscrit dans une forme d'immortalité grâce à la barrière de la mort. Si cette barrière venait à disparaitre pour l'un ou pour l'autre, l'amour deviendrait-il mortel ? Mortel pour celui qui survit et qui le revit chaque printemps ; immortel dans le cœur de celui qui meurt. La mort n'est pas la seule à être fragile au temps, l'amour lui aussi y est fragile. Estimons-nous heureux de vivre à une période où l'amour existe encore.

Cette relation que porte la nature au temps est empreinte jusque dans sa chaire. La datation au carbone 14 est un cadeau que la nature aura donné à l'homme pour mesurer son âge. Une marque du temps écoulé à partir de la mort d'un organisme et permettant de remonter jusqu'à 50 000 ans d'histoire. La présence de radiocarbone permet cette évaluation. À la mort de l'organisme, le volume de radiocarbone ne fera que diminuer à l'image d'un sablier qui s'écoule pour garder trace de l'ombre d'une vie. Un cadeau offert par les rayonnements cosmiques qui sont des marqueurs du temps. Ils sont absorbés en très petite quantité par nos organismes vivants.

Les arbres, aussi géants soient-ils ne sont le fruit que d'une graine de toute petite taille. Chaque humain est le fruit d'une seule cellule. Un symbole parmi les autres de cette sensation de vérité sortant et prenant corps dans la nature. Léonard de Vinci, auteur de nombreuses merveilles inspirées de la nature, traduisait cette observation avec justesse : « La nature est la source de toute véritable connaissance. Elle possède sa logique et ses lois, ne produit pas d'effets sans cause et n'invente rien qui ne soit nécessaire. »

Des observations qui ne s'arrêtent pas à l'organique puisque la nature numérique s'en inspire désormais. Les concepteurs ont compris l'importance de ses lois pour faire naitre et créer une forme d'intelligence logicielle. Nous en percevons une facette avec les algorithmes informatiques bio-inspirés. Les algorithmes évolutionnistes, par exemple, s'appuient sur une population de solutions potentielles à un problème pour obtenir les meilleures options possibles. La démarche va successivement modifier la population sur les bases identiques à la théorie de l'évolution. Les représentants les plus adaptés (évalués sur la base du résultat souhaité) seront reproduits tout en intégrant des mutations. Cette démarche permet de générer des solutions dynamiques adaptées au problème en suivant la démarche biologique. Une piste parmi d'autres qui permet de tracer notre route artificielle vers l'intelligence.

Nous en sommes désormais certains, au milieu de cette nature, l'homme a pris place de manière phénoménale et surprenante. Il est devenu une créature à part, un créateur à part.

CHAPITRE V
Une créature à part, un créateur à part
Où l'homme semble modifier certaines règles de sa nature.

Bien que confiné dans une réalité matérielle, l'homme a dépassé régulièrement ses limites dans tous les domaines. Aujourd'hui, il va et voit plus loin, plus petit, plus fort, plus vite. Il mémorise plus de données, plus longtemps, et perçoit mieux que jamais tout ce qui l'entoure. La précision de ses instruments ne cesse d'augmenter et ouvre une porte vers le microscopique et le cosmique. Homo sapiens peut jusqu'à décider de son destin, individuel et collectif. Il a le pouvoir de se faire disparaitre en un coup de réaction atomique. Il a le pouvoir de se muter, de se modifier et même de porter son patrimoine sur une autre planète. Il est une espèce au pouvoir de modifier sa propre espèce sans avoir à attendre les longs effets de l'évolution. Il lui est rendu possible de bruler les étapes.

Le danger survient en détruisant, du haut de cette immense maitrise, des espèces qui n'avaient pas ce pouvoir. Notre système, nos recherches, nos entreprises technologiques ont permis d'accumuler une richesse sans précédent. L'ennui commence en mesurant son impact au-delà de l'économie. C'est curieusement au moment de l'histoire où nous comprenons le mieux notre planète, nos espèces, notre richesse et sa fragilité que nous la détruisons le plus. Une nature organique qui se meurt, une nature animale que l'on électrise pour mieux la contrôler ou que l'on finit par remplacer par des puces électroniques. Notre nature est si belle, mais son présent et son avenir semblent tristes.

Luc Ferry défend à juste titre que la nature soit une norme morale et politique. « Tout l'honneur, non seulement de la politique moderne, mais de la médecine avec elle, se situe dans une lutte acharnée contre la loi naturelle de la sélection. Nos systèmes de protection sociale, par exemple, sont de part en part antinaturels, construits contre l'élimination des faibles. En quoi la nature biologique est tout sauf une norme morale et politique. Il y a parfois du bon en elle, mais c'est à nous d'en décider, de faire le tri et de choisir ce que nous voulons en garder ou en rejeter. »[96] La nature offre évidemment des reflets aux multiples directions. Le physicien américain Frank Wilczek rappelle que le monde physique incarne la beauté, mais qu'il abrite aussi la misère, la souffrance et les conflits. Dans aucun de ces aspects, nous ne devons oublier l'autre[97]. Si toutes les directions de la nature ne sont pas acceptables pour l'homme, beaucoup de ses reflets nous inspirent et nous dictent une doctrine qui mérite réflexion.

Que l'on prône l'importance de l'humain sur la planète ou son caractère insignifiant dans notre histoire cosmique, il faut s'accorder sur une chose, l'homme a un pouvoir jamais égalé. Dans la grande histoire, il est la première créature vivante à avoir modifié significativement la facette de cette planète. Il aura réussi à changer son environnement et perturber la biosphère, au point même de contribuer au réchauffement climatique et d'envoyer au stade de mémoire certaines espèces du vivant. L'homme a marqué de son empreinte le monde dans lequel il vit et ce à large échelle. Il est anthropocène, il se fait tout un monde de ce qu'il est et de ses activités qui ont changé la face de notre Terre. Même si les scientifiques ne sont pas tout à fait d'accord sur la date marquant l'origine de cette nouvelle ère, on ne peut nier l'évidence d'un monde qui tourne autour de l'homme. Comme un retour aux premières croyances, au point même qu'elle avait fait s'effacer de sa tête l'évidence d'une Terre qui tourne autour du Soleil. Le géocentrisme bien que réconfortant a justement été abandonné.

Un reflet infime, insignifiant et pourtant symbolique de notre empreinte se mesure sur le peuple de l'air. L'augmentation continue du niveau de bruit de nos zones urbaines s'est ressentie sur ces dinosaures aviens. Les villes affadissent les oiseaux observés sur leur secteur. Et les quelques espèces ayant

---

[96] Luc Ferry, La nature biologique est tout sauf une norme morale et politique, *Le Figaro* du jeudi 14 février 2013.
[97] Frank Wilczek, A Beautiful Question, 2016.

survécu dans nos villes ont dû s'adapter à notre pollution sonore. Nous constatons des modifications comportementales des oiseaux au travers de leurs chants. Les mésanges ont par exemple raccourci leur chant en environnement urbain. Elles chantent plus rapidement, afin d'augmenter leur chance de transmettre un message au milieu de notre bruit ambiant. Les fréquences minimales des chants sont bien souvent plus élevées dans les grandes villes[98], cela pour mieux se distinguer des bruits que nous leur imposons.

Ce comportement nous rappelle la manière dont notre production d'informations sur les réseaux sociaux numériques n'a cessé de s'accélérer comme pour avoir là encore plus de chances de trouver un entendeur. L'homme digital est sonné de tout le bruit ambiant des réseaux. C'est un parallèle intéressant que nous offrent les microblogues où les messages ne doivent pas dépasser un certain nombre de caractères (par exemple Twitter avec 280 caractères). Au milieu du bruit de nos systèmes, pour nous entendre, nous n'avons eu de choix que de limiter nos mots, quelquefois même de les transformer en images, pour gagner du temps et avoir plus de chances de réussir une communication.

Cette idée d'un chant d'oiseau adapté en fonction de son environnement avait été émise dès les années 1970. Une étude avait alors été menée sur les différences dans l'analyse spectrale des enregistrements d'oiseaux de deux milieux distincts au Gabon : les milieux fermés de la forêt équatoriale et les milieux plus ouverts tels que la savane. L'étude avait permis de montrer que la tonalité des chants était plus grave en milieu dense qu'en milieu ouvert[99]. Aujourd'hui, nous mesurons l'impact de l'homme sur les comportements animaux, et subissons un impact sur nos communications. Souhaitons à l'homme qu'il puisse continuer à évoluer en milieu ouvert.

---

[98] Hans Slabbekoorn, Ardie den Boer-Visser, Cities Change the Songs of Birds, Current Biology, Volume 16, Issue 23, 2006.
[99] C. Chappuis, Un exemple de l'influence du milieu sur les émissions vocales des oiseaux : L'évolution des chants en forêt équatoriale, Terre Vie, 118, pp. 183-202, 1971.

CHAPITRE VI

La technologie comme extension de l'homme
Où le téléphone intelligent remplace le biface dans
l'histoire de l'évolution.

Le téléphone serait-il une extension de l'homme moderne comme le biface acheuléen fut une extension de l'homme préhistorique ? Cet outil fut utilisé par nos ancêtres il y a plus de 1,5 million d'années. Le biface est le symbole d'une avancée représentant l'impact de l'outil sur l'homme. C'est grâce à cet outil que *homo sapiens* a pu gagner en habileté, ce qui a contribué à son évolution. Cette maitrise a permis de construire de nouveaux instruments toujours plus perfectionnés. Un cercle d'évolution mutuel.

Cet outil peut-il se comparer avec nos téléphones modernes ? Si tel est le cas, notre avenir est vertigineux et impensable. Il semble qu'ils ne sont pas comparables, du moins dans le rôle qu'ils joueront dans l'histoire de notre civilisation. Pourtant, ils partagent des ressemblances étonnantes dans leur conception et dans la manière dont les deux se tiennent dans une main. C'est ce que rappelle l'image utilisée par Apple lors de sa présentation à la Apple Worldwide Developers Conference en 2018 (Figure 22).

Dans son empreinte de nos vies, le smartphone est indéniable. Notre *homo digitalis* tient désormais bien plus souvent un téléphone à la main qu'un couteau ou un outil de coupe. Pourtant, leurs fonctions diffèrent. Faut-il chercher le coupable de notre dépendance technologique ? D'un côté, le smartphone, couteau suisse du monde digital, et qui s'ajuste à nos besoins, de l'autre, un outil figé dans la pierre. Il remplace quelques fonctions du corps, celle de convertir une puissance motrice en une capacité de tuer, de peler, de tailler ou de graver. À l'ère moderne, notre outil est, je le pense, au moins aussi puissant qu'un simple biface. Même s'il ne prend pas la vie, il peut s'avérer dangereux et tranchant. Il irait peut-être même jusqu'à dématérialiser l'homme. Il nous reste à espérer que ce dernier garde la tête sur les épaules.

Au cours de l'histoire, l'homme s'est régulièrement posé la question de sa place par rapport aux sciences et technologies. Nous imaginions déjà au siècle dernier que chaque progrès de la cybernétique (science qui étudie les mécanismes d'information, de communication et de régulation des êtres vivants et des machines) pouvait faire disparaitre un peu plus l'homme[100].

Figure 22 : Conférence d'Apple WWDC en 2018 sur le design des interfaces.

Aurons-nous bientôt nos têtes entre nos mains ? Tel le miraculé de Saint-Denis repris par Michel Serres, le célèbre philosophe, historien des sciences et homme de lettres[101]. Le miraculé en question est un évêque du IIème siècle. Le malchanceux fut décapité sur ordre Romain. Le miracle est aussi simple qu'incroyable, le supplicié récupéra sa tête entre ses mains et se mit à marcher en direction de la colline, jusqu'à Montmartre. Aujourd'hui, bien qu'un peu suppliciés de nos technologies, nous ne sommes pas encore tout à fait décapités. Nous avons pourtant dans nos mains, et depuis quelques années une drôle de bête pensante. Smartphones, tablettes, ordinateurs, montres

---

[100] David, A. Nouvelles définitions de l'humanisme. Dans Progress in Biocybernetics, 1966.
[101] Selon l'histoire, au IIème siècle après Jésus-Christ, un évêque du nom de saint Denis est décapité sur l'ordre du pouvoir romain. Un « miracle » se produit alors : le supplicié prend sa tête dans ses mains et se met à marcher.

cumulent les avantages d'une bonne vieille tête. Une perception des choses, des actions, une mémoire vive ou morte (à l'image de notre mémoire à court et à long terme), une capacité de traitement, d'apprendre avec le *machine learning* et le *deep learning* et peut-être un jour une réelle forme d'intelligence. Au fil du temps, nous avons personnalisé nos appareils comme pour compenser une perte. Perte de temps, d'attention, de mémoire, d'amour ?

Nous avons atteint la lune en 1969 avec un ordinateur ridiculement puissant au regard de nos smartphones. Nous avons étendu les capacités du réseau, des appareils pour nous rendre disponibles en temps réel, de tout endroit du globe et à tout instant. En un seul mot : nous sommes devenus ubiquitaires. Ayant métamorphosé la mémoire jusqu'au plus grand, les écrans jusqu'au plus miniature, puis finalement à nouveau jusqu'au plus grand, il reste à offrir à la technologie ce qu'elle n'offre pas encore, une intelligence, notre intelligence. Les géants de la téléphonie ont investigué les processeurs optimisés pour l'intelligence artificielle. Comment savoir si cette délégation de nos fonctions premières ne nuit pas à notre évolution ? Est-ce qu'elle inhibera certaines de nos zones cérébrales ? En développera-t-elle de nouvelles ? L'outil a toujours façonné l'homme, tout comme les hommes ont façonné les outils. Nous ne savons où nous mènera ce cercle sémiotique. Au fur et à mesure que nos fonctions se délèguent avec plus ou moins de facilité à la machine, tâchons de ne pas les inhiber de nos propres êtres.

Dans cette quête, je ne sais si l'homme atteindra le haut de la colline ou de la montagne, encore moins ce qu'il trouvera s'il en atteint le sommet. De Montmartre à l'Olympe, les collines se ressemblent. De Montmartre à Valhalle, la ressemblance pourrait s'avérer piégeuse. Dans la mythologie nordique, ce sont les Valkyries qui portaient la mort parmi les guerriers et les emportaient à Valhalle. Espérons que notre ambition ne nous mène pas au lieu du séjour des guerriers morts. Évitons de nous combattre, et construisons une symbiose entre l'homme et la machine sans nous rendre dieu ou esclave. Si la nature offre la richesse à l'homme, il est trivial que celui-ci se doive de lui rendre, simplement pour garder une chance de conserver ce qu'elle a mis 3,5 Ga (milliards d'années) à nous transmettre : notre vie et notre humanité.

Le psychiatre Serge Tisseron nous alerte. Le XXIème siècle sera celui de la construction d'une psychologie de l'homme confrontée à des machines différentes de lui et qui en même temps lui ressembleront de plus en plus. La complémentarité des deux semble visible et possible. La machine est remarquable là où l'homme est défaillant.

CHAPITRE VII
Un futur paradoxal

Où l'homme pense son futur.

Dans le contexte technologique actuel, une synergie sera de plus en plus nécessaire pour obtenir une valeur mutuelle du travail de l'homme et de la machine. D'un côté, l'homme doit tirer profit de la machine pour des tâches sur lesquelles elle est plus efficace que lui. Les calculs, la mémorisation des données, par exemple. De l'autre, l'humain ne peut toujours pas compter sur la machine pour des tâches liées aux interactions sociales ou au management, à la philosophie. Pour illustrer ce phénomène, observons l'œuvre du futurologue Hans Moravec qui présente une photographie des compétences humaines (Figure 23). Le niveau de la mer au premier plan de l'image illustre les taches que les ordinateurs (et l'intelligence artificielle actuelle) savent faire le mieux. La hauteur du paysage exprime le niveau de difficulté estimé pour qu'une machine puisse acquérir un jour les compétences en question. L'art est prudemment laissé comme une montagne infranchissable par les machines, même si nous avons vu dans cet ouvrage que sa marche vers le sommet est déjà bien enclenchée et la montagne érodée.

Ce serait curieusement quand l'homme est sensible que la machine ne suffirait plus. Moravec l'illustre au travers de son paradoxe. Ce qui est le plus difficile en robotique est souvent le plus facile pour l'homme. Nous observons des illustrations de cette dualité dans le quotidien de nos vies. Un simple calcul suffit à nous perdre, un numéro pour oublier.

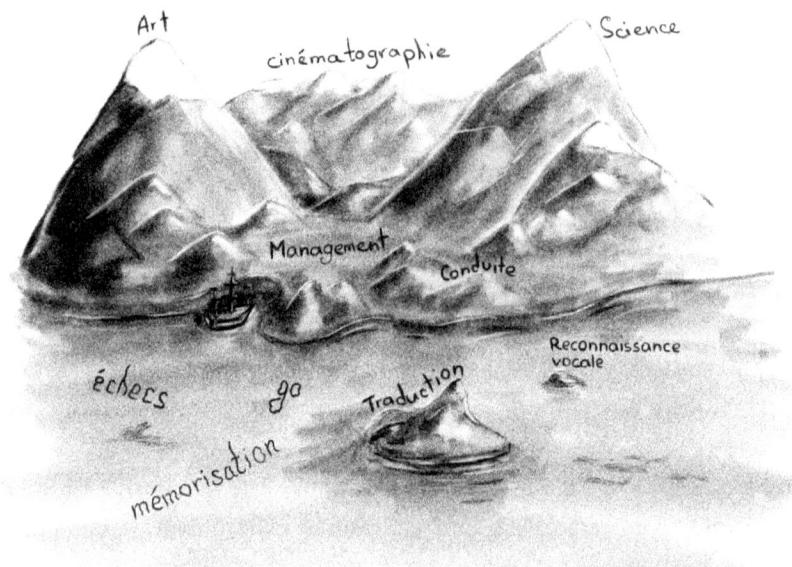

Figure 23 : Réinterprétation du « Paysage des compétences humaines » de Hans Moravec.

La machine excelle dans ce type de taches. À l'opposé, l'émotion si naturelle pour l'homme suffit à perturber la machine. L'ironie est par-dessus tout, insaisissable pour nos algorithmes, tandis que l'homme la pratique avec aisance. Le conceptuel et le spirituel est dans la nature de l'homme, la machine ne s'y sent pas encore à l'aise. Ces derniers sont mal gérés par transistors.

La représentation de Moravec est un double symbole de nos préoccupations modernes : d'une part, la réelle montée des eaux symbole de notre défi climatique ; de l'autre, la montée du niveau de maitrise de l'intelligence artificielle qui submerge peu à peu les compétences humaines. Au fur et à mesure de l'augmentation du niveau de l'eau, l'homme semble perdre de son équilibre avec la machine. La courbe de l'intelligence artificielle augmente à coup d'efforts et de particules.

Les deux défis ne sont pas à séparer, car pour de nombreux hommes de science, l'intelligence artificielle et les données en masses peuvent aider à la résolution d'une partie du défi climatique. L'Organisation des Nations unies avait identifié en 2009 l'intérêt des mégadonnées pour atteindre les 17 objectifs de développement durable[102]. Cette dernière a engagé une vague de projets en ce sens (par exemple initiative Global Pulse, Pulse Labs). Ainsi, ce qui pourrait paraître comme un double effondrement de l'espèce humaine peut mener à une forme de symbiose, une regénèse et offrir une porte de sortie. Pourtant, la perte de contrôle est envisageable et doit être envisagée. La nature digitale pourrait bien supplanter la nature humaine.

---

[102] Les mégadonnées au service des Objectifs de développement durable
https://www.un.org/fr/sections/issues-depth/big-data-sustainable-development/index.html

Nature numérique de l'homme

CHAPITRE VIII
De l'extinction possible
Où l'intelligence artificielle peut détruire ou sauver.

L'intelligence artificielle va-t-elle porter les espoirs et les solutions aux problèmes que nous rencontrons ? Sera-t-elle suffisante et consciente de nos objectifs ? Tout être embarqué dans cet instant du temps, de notre histoire, de la grande histoire, n'a d'autres choix que celui de l'optimisme, celui d'une technologie salvatrice, corrigeant nos erreurs, réparant nos déchirures, redonnant vie à ce qui par notre cause semble perdu. Une intelligence artificielle qui sauve l'homme de lui-même. Si nous avons raison d'avoir peur, la vie a régulièrement été malmenée au cours de son histoire. Nous avons l'obligation de rêver et d'espérer. La nature renaît, la nature est adaptable, résiliente. Elle optimise ses forces, fait perdurer les espèces, assure la biodiversité, elle calcule sans compter. Elle sait comment mourir pour renaître, garder mémoire et reprendre ses droits. La vie a eu le temps et la force de survivre à de nombreux cataclysmes. La preuve se trouve dans les fossiles. Nous lisons cette histoire difficile en creusant le sol et le temps. Le plus célèbre mais non le plus important des épisodes d'extinction aura marqué la fin des dinosaures. Aucun de ces épisodes n'aura malgré tout totalement éteint la vie, qui n'aura cessé de survivre pour mieux revivre même s'il lui faut parfois plus d'un million d'années pour s'en remettre. Après cinq extinctions de masse, devons-nous craindre un sixième épisode de ce type ?

Si l'homme semble dépasser certaines règles de la nature, le fait-il vraiment ? Avancer est-il toujours la meilleure manière de progresser ? L'homme a toujours avancé là où la nature s'est effacée, sur les terres, sur les mers, les montagnes et même sous terre et dans l'air. Il est peut-être à notre tour de reculer pour progresser. S'il ne nous semble pas raisonnable de freiner une machinerie qui fait avancer tout un système, alors peut-être, oui, finalement il n'y aura qu'une intelligence artificielle pour nous rappeler à notre priorité. Peut-être qu'elle saura écouter et trouver les mots justes pour parler aux hommes au nom d'une nature silencieuse. Si l'intelligence artificielle prêtait sa voix et sa force à la nature, alors notre avancée avait un sens. Les deux œuvres, se rassembleraient et pourraient renaître.

De grands scientifiques pensent que l'avenir de l'humanité doit dépasser le cadre de cette Terre qui nous a si longtemps portés, simplement pour éviter la fatalité d'une disparition de l'homme. Peut-être parce que cette Terre se détruit, peut-être parce que l'humanité se risque à elle-même si elle reste là. On imagine partir et se propager sur d'autres planètes. L'intelligence artificielle serait alors perçue comme une pointe d'espérance. Demis Hassabis a déclaré à ce sujet : « Je serais très pessimiste à l'égard du monde si quelque chose comme l'IA ne venait pas sur la route. […] Si vous regardez les défis auxquels la société est confrontée : le changement climatique, la durabilité, les inégalités de masse – qui s'aggravent – les maladies et les soins de santé, nous ne progressons pas assez rapidement dans aucun de ces domaines. Soit nous avons besoin d'une amélioration exponentielle du comportement humain – moins d'égoïsme, moins de court terme, plus de collaboration, plus de générosité – où nous avons besoin d'une amélioration exponentielle de la technologie. Si vous regardez la géopolitique actuelle, je ne pense pas que nous allons bientôt obtenir une amélioration exponentielle du comportement humain. C'est pourquoi nous avons besoin d'un bond en avant dans une technologie comme l'IA. »

La science a fait de nous ce que nous sommes aujourd'hui, des êtres pas si loin d'atteindre des sommets de compréhension. Des êtres inférieurs en tout, mais supérieurs en tout à ce qui a été par le passé. Dans la nature, dans l'univers, la moindre particule porte en elle une forme d'information quantique. Notre monde est ainsi bouleversé par un art dont le bon sens nous perd et dont les plus grands experts s'accordent sur son incroyable complexité. Le quantique est pourtant concret, aussi concret qu'un bout de papier ou que n'importe quel être humain. Ces lois régissent l'infiniment petit et nous offrent des expériences des plus extraordinaires (par exemple fentes de Thomas Young). Si le quantique est une porte vers un Nouveau Monde, l'ordinateur quantique et la biologie qui n'en est pas exclue nous offrent sa perspective.

L'ADN est sans trop de doutes une forme de logiciel de la vie. Il porte, à son échelle, une information. Elle est génétique. Une information unique et qui se transmet, au fil de l'évolution.

> Comme si ce que nous sommes,
> Chaque cellule le savait.
> Comme si notre identité s'écrivait,
> Au plus anecdotique des hommes.
> Comme si jusqu'au bout de mes doigts,
> Je savais qui j'étais.

L'homme a mis en œuvre des solutions pour mener l'ingénierie inversée[103] du vivant. Le décoder et le comprendre par l'analyse massive des gênes d'espèces variées. Une tâche nécessitant l'informatique, l'analyse de données et la génomique. Une lecture en accéléré du livre de la nature pour en comprendre plus.

Nos systèmes organiques vont imperceptiblement devenir des systèmes digitaux et d'information. Nos systèmes d'information vont imperceptiblement devenir des systèmes tant organiques que digitaux. La dualité digitale organique, si elle a existé dans nos têtes, s'estompe peu à peu.

---

[103] Il s'agit d'étudier le mode de fonctionnement d'un système pour tenter de reproduire son fonctionnement.

CHAPITRE IX
De l'organique au digital
De la compréhension d'un ver au contrôle des insectes.

Le Caenorhabditis Elegans est le premier être dont le génome ait été totalement séquencé. Un tout petit ver transparent d'un millimètre environ. Comme un bond en avant, la plateforme Si elegans[104] présente la virtualisation complète du nématode et de son environnement. L'ambition est majestueuse. Déchiffrer et reconstruire le flux d'informations dans le système nerveux. Une manière d'affiner les modèles de réponse neuronale et de les relier aux interactions environnementales pour mieux refléter et comprendre la réalité biologique et les évènements biophysiques qui conduisent à un comportement. Comprendre de la tête et du geste ce petit ver transparent. Une étape avant de s'offrir un rêve plus grand, immensément grand. Les fonctionnalités du logiciel permettent aux utilisateurs de créer graphiquement des modèles de réseaux de neurones, et des expériences comportementales sur l'un des spécimens les plus étudiés de la science. Les résultats de la simulation peuvent être obtenus à l'aide d'une locomotion de ver et d'une visionneuse d'activité neuronale.

Une nature hybride est en train de voir le jour. Cyborg est le terme qui exprime la convergence de la cybernétique avec l'organique. Un mélange de vivants et de non-vivants qui prend forme et qui prend vie. Nous retrouvons un symbole de cette tendance avec les insectes cyborgs, des insectes contrôlés par l'homme avec l'aide de signaux électriques. Les arthropodes sont dotés de sacs à dos électroniques leur permettant d'être connectés en WIFI (Figure

---

[104] Petrushin, Alexey & Ferrara, Lorenzo & Blau, Axel. The Si elegans project at the interface of experimental and computational Caenorhabditis elegans neurobiology and behavior. Journal of Neural Engineering. 13, 2016.

24). Les chercheurs auront eu soin de leur injecter des câbles électroniques très fins dans certaines régions de leurs pattes ou de leurs ailes. En envoyant des signaux microélectroniques, par réflexe nerveux, l'animal tend ses pattes et déploie ses ailes. À partir de ce système, l'animal se contrôle par un moyen qui pose des interrogations éthiques.

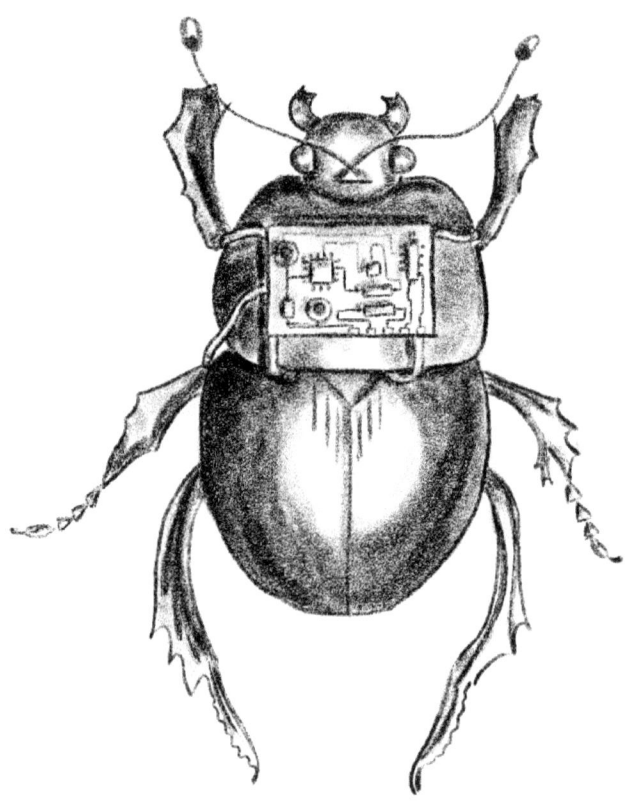

Figure 24 : Exemple d'animal cyborg.

Un insecte que l'on manipule avec une télécommande de console comme pour rappeler le jeu dangereux dans lequel l'homme s'est aventuré, comme pour alerter d'une direction possible de notre propre avenir. Ce projet, déjà bien avancé est celui de Hirotaka Sato, ingénieur aérospatial originaire de Singapour[105]. Sa finalité louable est celle de faire atteindre par les insectes cyborgs des zones inaccessibles par l'homme dans des opérations de secours. Ces insectes cyborgs pourraient alors se faufiler à la rescousse d'humains dans les décombres. Le choix du type d'insectes, leur nombre, leur synchronisation doivent permettre de dépasser les limites de nos drones. À ce jeu, les insectes volants sont bien plus performants que n'importe quel drone conçu par l'homme.

Les pirouettes de nos insectes impressionnent les scientifiques, leur faible consommation d'énergie également. Il faut les observer pour se rendre compte que nos imitations ne sont certainement pas aussi performantes. À ce jeu biomimétique, inspirant, mais perdu d'avance, la science se permet un gain de temps, un raccourci, en s'octroyant le pouvoir de se servir du vivant. S'agit-il de l'améliorer ou de le rendre esclave ? Question qui se transpose également à l'homme augmenté. Nous avons en tête l'image d'un insecte sur le dos, pattes en l'air. Chacune se lève au rythme des impulsions envoyées par le module électronique. Au fur et à mesure que la fréquence augmente, on comprend le mal que l'on fait à l'animal[106]. Coloniser les insectes de cette sorte aura à coup sûr un prix à payer. Le prix du tout permis ou le permis de tout prendre.

L'homme cyborg est une possibilité qui pour certains auteurs s'est déjà concrétisée. Donna Haraway propose dans son manifeste une vision du cyborg : « À la fin du XXème siècle, notre époque, une époque mythique, nous sommes tous des chimères, des hybrides théorisés et fabriqués de machine et d'organique ; bref, nous sommes des cyborgs. Ce cyborg est notre ontologie ; cela nous donne notre politique. Le cyborg est une image condensée à la fois de l'imagination et de la réalité matérielle, les deux centres joints structurant toute possibilité de transformation historique. »[107]

---

[105] Cyborg Beetles, Michel M. Maharbiz and Hirotaka Sato, Scientific American, 303(6), pp. 94-99, Published by: Scientific American, a division of Nature America, Inc, 2010.
[106] https://youtu.be/enA4MZrKqds
[107] Donna Haraway, « A Cyborg Manifesto: Science, Technology, and Socialist-Feminism in the Late Twentieth Century », dans Simians, Cyborgs and Women: The Reinvention of Nature,

Un cyborg qui se comprend comme un être transformé par la machine et une machine transformée par l'homme. Leur fusion a déjà eu lieu au travers de nos interactions avec la technologie. Dans cette même lignée, Katherine Hayles parlera de technogenèse pour qualifier le rapport entre homme et technologie. Cette évolution conjointe mène l'homme à modifier son comportement par la technologie jusqu'à influer sur ce qu'il est de plus profond[108]. L'idée de l'évolution des circuits neuronaux est mise en évidence comme une marque des technologies jusque dans notre chaire. Un usage qui appelle une modification de la technique pour satisfaire de nouveaux besoins dans une boucle de création et de modification où l'objet devient agent. Cette observation serait vouée à se matérialiser de manière encore plus incontournable avec les nouvelles interfaces personne-machine et cerveau-machine.

> La technologie est-elle un sujet trop sérieux
> pour être laissé dans les mains des penseurs ?
> La technologie est-elle un sujet trop sérieux
> pour être laissé dans les mains des meneurs ?
> La vie n'est-elle pas un sujet trop sérieux
> pour être laissé dans les mains des chercheurs ?
> La vie n'est-elle pas un sujet trop sérieux
> pour la laisser dans la simple main des humains ?

Jean Rostand avait prédit le paradoxe du pouvoir et de la vie : « On tue un homme, on est un assassin. On tue des millions d'hommes, on est un conquérant. On les tue tous, on est un dieu. » Qu'émergera-t-il de nos laboratoires ? Un assassin, un fou, un conquérant, un génie ou un dieu ? Si toute science débute comme un art et se termine comme philosophie[109], il est temps de défendre nos courants de pensée. Nous mesurons et pressentons la fragilité de notre planète. Nous sentons notre temps plus court. S'arrêter pour

---

New York, Routledge, 1991.
[108] Hayles, N. Katherine, Lire et penser en milieux numériques : Attention, récits, technogenèse, Christophe Degoutin (trad.), Grenoble : ELLUG, 2016.
[109] Citation de William James Durant.

admirer la beauté qui nous entoure serait presque un acte inconscient. Tout comme celui de poser des mots sur une page pour illustrer cet état de fait. L'urgence est d'actualité et nous rappelle chaque jour à nos priorités. Chacun trouvera la sienne : consommer, profiter, s'émerveiller, s'inquiéter, s'aimer, se protéger ou se réveiller[110].

---

[110] Llewellyn, D., Ding, Y., Faruque, I. I., Paesani, S., Bacco, D., Santagati, R., et al. Chip-to-chip quantum teleportation and multi-photon entanglement in silicon. *Nature Physics*, *16*(2), 148–153, 2019.

Nature numérique de l'homme

CHAPITRE X
Quel avenir pour nos espèces ?
Où l'avenir prophétique est polarisé.

Je ne sais s'il faut prêcher de grands bouleversements pour attirer l'attention. En recherche de sensationnel ou simplement en conclusion d'un bon sens, nous lisons de plus en plus de prophéties qui prédisent un changement radical, une nouvelle étape de notre évolution, conséquence d'une accélération que l'on a du mal à mettre en doute[111].

Les humains se bousculent
Les données se bousculent
La technologie nous bascule

Deux prophéties qui font de l'homme digital deux opposés à une même époque. Preuve que l'on peut tout dire et défendre, pourvu que l'on s'éloigne suffisamment du présent de manière habile et avec esthétisme. Cette liberté des mots dans nos ouvrages modernes a conduit l'homme dans un doute autant grossier que subtil. Suis-je un homme crétin ou un homme-dieu ? D'un crétin digital[112] préfabriqué à un *homo deus* au pouvoir divin[113], aussi grand soit l'homme, aussi petit soit-il, l'homme est et restera homme. Rien de plus simple et de plus banal.

C'est bien le même homme que l'on voit passer des heures à aligner des cristaux sur un écran à la quête de récompenses variables, le même qui espère

---

[111] R. Alexander Bentley, Michael J. O'Brien, The Acceleration of Cultural Change, From Ancestors to Algorithms, 2017.
[112] Michel Desmurget, La fabrique du crétin digital, 2019.
[113] Yuval Noah Harari, Homo Deus : Une brève histoire de l'avenir, 2015.

voir sa chance sourire à coup de hasard, celui qui crée parfois plus du travail des autres que de ses propres efforts. Le même. Il agit pour de bien maigres récompenses, des éclats de couleurs, des pierres ou des bonbons virtuels, des bouts de terre, de la fortune plus ou moins réelle et qui durera un temps, pas très longtemps.

L'homme-dieu est celui que l'on voit commencer sa route vers la maitrise de la vie, vers la création de la vie synthétique et artificielle. Le même que l'on a vu créer une cellule avec un génome synthétisé de toute pièce. Une main humaine a bel et bien créé d'une certaine manière la vie. Dans une interview, le politologue français Philippe Marlière ira jusqu'à annoncer que nous sommes à l'aube du huitième jour de la création.

De toutes ses différences, de toutes ses couleurs et de toutes ses aberrations, de son irrationnel et de son sensationnel, de sa créativité et de tous ses espoirs, je le crois, l'homme est et restera homme. Il est riche d'être ce qu'il est. Comme l'univers, il porte une histoire qui a un sens. Il est riche de ce(ux) qui l'entoure, de ce qui fait les émotions sans le sensationnel, riche de pouvoir s'émerveiller quel que soit son destin, quelles que soient ses différences, sa culture et sa chance. Nous n'échangerions rien contre les étoiles, rien contre la nature, rien contre nature. Si les technologies ne nous font pas de revers, alors nous resterons riches de cette nature, riches par nature.

C'est bien cette nature qui peut nous apprendre ce que réserve l'intelligence artificielle. Elle a mis en exergue des formats d'interaction entre les espèces qui couvrent un ensemble des possibles. Si une forme de vie artificielle pouvait s'entendre comme une nouvelle espèce, alors les schémas de la nature sont envisageables. Le premier a lieu quand les espèces ont besoin pour subsister d'accéder à une même ressource présente en quantité limitée. Dans ce scénario, elles entrent en compétition. L'accès à l'énergie sous différentes formes pourrait tenir le rôle de cette ressource rare et la compétition pourrait naitre. L'histoire pourrait alors trouver un vainqueur ou un équilibre.

Le second schéma est celui de l'exploitation. Une des espèces a besoin de l'autre afin de survivre. Dans le cas le plus critique, elle peut être menée à éliminer l'autre afin d'assurer sa survie. C'est le modèle proie-prédateur.

Il est possible que l'une exploite l'autre à l'image d'un parasite. Moyennant ce parasitage, une espèce survit et l'autre est alors moins en danger. De l'homme et la machine, qui sera le parasite ? Notre technologie n'est-elle pas déjà une forme de parasite qui vit à nos dépens ? L'homme alimente de ses données la puissance des algorithmes.

Enfin, dans les scénarios les moins critiques, une interaction positive est remarquée. Une espèce peut bénéficier du travail d'une autre sans contrepartie. C'est le cas de l'homme et des abeilles si l'on ne considère pas l'impact récent qu'à l'homme sur la disparition des abeilles. Une interaction peut bénéficier positivement aux deux espèces. Elle peut mener jusqu'à un état de symbiose ou les deux survivent par complémentarité du travail l'une de l'autre. Ce dernier scénario est celui que nous souhaitons. Celui qui nous permet de poursuivre notre quête.

Nature numérique de l'homme

CHAPITRE XI
Une symbiose personne-machine
Où l'on espère le meilleur entre l'homme et la machine.

Si pour certains penseurs, seul l'homme a une histoire, la nature n'en est pour autant pas moins dépourvue de langage. Elle nous offre des histoires à portée de vue et à portée de ceux prêts à l'entendre. La scientifique américaine Janine Benyus spécialiste du biomimétisme nous rappelle à juste titre qu'après 3,8 milliards d'années de recherche et de développement, à l'échelle de notre planète, les échecs sont devenus fossiles, et ce qui nous entoure contient le simple secret de la survie. Le figuier et le Blastophaga psenes nous racontent une histoire. Une fable naturelle et non affabulée. Cette fable est une leçon d'échange, du sacrifice, une ode à la tolérance et au partage. Au-delà de tout, c'est une leçon de vie.

Le blastophage et le figuier

Le figuier heureux produit des profichi aux premières lueurs du printemps
Non comestibles, elles génèrent des fleurs mâles au style long
Ainsi que des fleurs femelles au style court
Le style a son importance ici, car il protège de l'intrusion lorsqu'il est long
Le blastophage, insecte femelle se réjouit de la situation
Dans un sacrifice primordial, elle se jette dans la fleur femelle y pond et y meurt

Les larves des deux sexes se développent alors dans leur premier abri
Elles deviennent rapidement adultes et se fécondent
Les petits insectes mâles prudents restent au cœur de la profichi
Les femelles intrépides en sorte, un premier miracle se produit
Au moment de partir, leurs corps se couvrent du pollen des fleurs mâles

Bientôt, la femelle entame une ambition nouvelle
Celle d'entrer dans une figue d'été : une fichi
Ces dernières sont exclusivement femelles et à style long
Ce style précieux empêche l'animal d'y accéder
Dans sa tentative manquée et par son corps empli de pollen
Elle va contribuer à la vie
Mais n'arrivera pas à parasiter la fichi
Cette dernière deviendra comestible par ce processus naturel

Le cycle de la vie continu, et les figues mères arrivent en automne
À style court, le parasitage est de nouveau possible
Ces mammes offrent un toit d'hivers à ces hôtes étrangers
Ils verront un nouveau jour au printemps suivant pour continuer le cycle
Un cycle à la recherche du profichi
Une fois encore, le cercle de la vie

> Quelle histoire remarquable, nous apprend la nature
> Le figuier offre un toit en l'échange de survie
> Un toit qui lui coute deux générations oubliées de fruits,
> Une dépendance au sacrifice commun
> D'un insecte à un végétal
> L'un sans l'autre, ils ont perdu
> Leur symbiose est capitale

À l'image de cette fable, si la symbiose est atteinte un jour, une nature numérique de l'homme pourra voir le jour. Nous disposons d'exemples qui offrent une vision optimiste de l'avenir. Un phénomène symbiotique entre l'homme et la machine a été mis en évidence par le projet Fold.it[114]. Ce dernier permet à l'homme de résoudre un problème que la machine ne sait pas maitriser seule. Il s'agit de faire appel à une foule de joueurs afin de résoudre des puzzles pour aider à comprendre un processus biologique majeur, le repliement des protéines. Si nous comprenons la synthèse protéique, la manière dont celles-ci forment des structures complexes est encore incomprise.

Le biologiste François Jacob expliquait la surprenante complexité de cette tâche qui est toujours d'actualité : « À l'étonnement général, une molécule de protéine, architecture d'une rare complexité en trois dimensions, se réduit à une structure d'une particulière simplicité en une dimension. C'est, en effet, un polymère linéaire formé par la liaison bout à bout de quelques centaines d'unités prélevées dans l'assortiment de vingt. La complexité dans l'espace nait des replis de la chaine sur elle-même, des sinuosités qui creusent à sa surface un relief tourmenté : ce qui donne à la molécule sa forme particulière, c'est la longueur de la chaine, cent à mille unités, et la séquence dans laquelle sont disposées ces unités. Une fois encore la diversité et la complexité naissent de la simplicité d'une combinatoire. »[115]

---

[114] Foldit est développé par une collaboration du University of Washington Center for Game Science, de l'University of Washington Institute for Protein Design, de la Northeastern University, de la Vanderbilt University, de l'University of California, Davis et de l'University of Massachusetts, Dartmouth, https://fold.it.
[115] François Jacob, Le Jeu des possibles : Essai sur la diversité du vivant, Fayard, 1981.

Nous avons pu créer une symbiose en déléguant cette tâche à l'homme pour faire apprendre la machine. Via une forme de puzzle 3D, le dépliage est proposé aux joueurs. Grâce aux techniques utilisées, la machine peut identifier de nouvelles manières de comprendre l'approche humaine. La cobotique est une autre image des succès possibles entre une technologie (le robot) et un homme. La collaboration homme-robot est ainsi pensée et exécutée, chacun exploitant au mieux ses capacités et complétant les faiblesses de l'autre. Le robot est collaboratif, il effectue des gestes avec des objets difficiles à réaliser pour l'homme. Il peut sur une chaine de production, par exemple, saisir des pièces trop lourdes, trop petites, ou trop brulantes. L'humain complètera avec des actes difficiles à accomplir pour la machine.

Les actes de l'homme inspirent la machine pour accomplir des tâches qu'elle ne sait pas faire. La machine remplace l'homme sur certaines tâches complexes ou dangereuses. Comment concevoir notre avenir commun ? Le bio technologiste et homme d'affaires Craig Venter affirmera au sujet de la relation personne-machine : « Ma plus grande crainte n'est pas l'abus de la technologie, mais le fait de ne pas l'utiliser du tout et de renoncer à une opportunité remarquable à un moment où nous surpeuplons notre planète et changeons les environnements pour toujours. Si nous abandonnons une technologie, nous abandonnons les moyens de l'utiliser pour améliorer et sauver des vies. Les conséquences de l'inaction peuvent être plus dangereuses que l'utilisation inappropriée de la technologie. »[116]

Si nous sommes dans l'incertitude de ce devenir, nous avons cependant commencé des travaux de grande envergure afin de lutter contre notre destinée, pour nous offrir plus de temps, apercevoir une lueur d'éternité. Certes, nous avons pris conscience des directions possibles de la nature numérique de l'homme. Il reste tout de même une question fondamentale : au final, quand viendra la fin, la mort s'en ira-t-elle ?

---

[116] Venter, J. Craig, Life at the Speed of Light: From the Double Helix to the Dawn of Digital Life, 2013.

Résumé de la section

La nature est une merveille, mais aussi un patrimoine en danger. Elle nous offre un monde compréhensible qui nous surprend, qui nous dépasse et que nous continuons de découvrir. Les technologies apportent un nouveau regard sur les beautés perdues de notre planète. Au milieu des milliers de leçons que peut nous offrir la nature, la beauté, son ordre mathématique et la sagesse portée par les arbres sont remarquables.

Face à cette nature, *homo sapiens* a un pouvoir sans précédent. Un pouvoir qui lui permet de changer certaines de ses règles et son evironnement. Il est devenu anthropocène. Les outils ont octroyé à l'homme une maitrise plus forte de ce qui l'entoure. En particulier, l'intelligence artificielle semble s'accaparer certaines fonctions de l'homme comme pour l'assister, le remplacer.

Nous sommes en droit de nous demander quelle sera la place de l'homme face à l'intelligence artificielle et la nature. Le constat présent et celui d'une nature digitale et organique qui se rejoignent et dont les frontières s'effacent. La science vient illustrer la situation : d'un ver entièrement maitrisé à un insecte cyborg. L'homme joue désormais à un jeu dangereux : celui de la vie. Atteindrons-nous un point de rupture ? Quelle sera la place de l'homme et de l'intelligence artificielle dans cette nouvelle nature ?

Nous espérons atteindre une forme de symbiose entre l'homme et la machine, à l'image de ce que nous offre la nature avec le blastophage et le figuier. Tous les rêves restent permis.

L'un des enjeux les plus forts est toujours ouvert, celui du combat contre la vieillesse et celui de la lutte contre la mort. La bataille est engagée et cela peut suffire à nous effrayer. Quelle serait la place du bonheur dans un monde où le sens de l'acte disparait, dans un monde où personne ne se sentirait plus utile qu'une machine intelligente ? Quelle gratification et quel but poursuivre ?

Quand viendra la fin, la mort s'en ira
Où l'homme tente de lutter contre les effets du temps et affiche le but ultime de l'immortalité.

« L'immortalité est une quête qui vaut la peine d'attendre »
Roey Tzezana
« Espérons vivre assez pour vivre toujours »
Ray Kurzweil

CHAPITRE PREMIER
Le mythe d'Elizabeth
Où une femme souhaite lutter contre son destin.

Nous sommes en 2045. Elizabeth s'apprête à prendre l'avion qui l'amènera vers le Mexique dans un laboratoire de recherche en biotechnologie travaillant sur un sérum de jeunesse. Le lieu du centre est tenu secret de tous et pour cause, le traitement expérimental auquel elle souhaite se soumettre n'est pas autorisé par le gouvernement américain. Par mesure de précaution, les employés et les clients seront maintenus dans l'anonymat.

Elizabeth a 44 ans, elle constate depuis quelques années les signes néfastes du temps sur son image, sur son visage. Elle refuse de s'avouer vaincue et compte se battre. Se battre contre cette maladie qui lui crée des rides, qui ralentit ses mouvements et que les autres acceptent trop vite sous le simple nom de vieillesse. Refusant cette fatalité, elle veut éteindre et renverser les effets de l'âge, les effets du temps. Elle repense à toutes les maladies que l'on a déjà réussi à éliminer et elle y croit, elle tient le remède. La thérapie génique se base sur de solides travaux et les premières expérimentations promettent (au moins sur des souris) de rendre au corps sa jeunesse d'avant.

Elle l'a décidé, elle franchira le pas, même si l'équation comporte beaucoup d'inconnues. Elle prend un risque non mesuré. L'impact de ce traitement sur l'homme n'est pas maîtrisé et n'a jamais été testé. Elle sera la première. La première femme génétiquement modifiée pour lutter contre les effets de l'âge. Elle veut prendre ce risque pour s'offrir un supplément de temps, de jeunesse.

Dans les moments de peur et de doute, elle garde en tête ces cinq vers de

Louis Aragon, *Cantique à Elsa*[117] :

> Ô mon enfant le temps n'est pas à notre taille
> Que mille et une nuits sont peu pour des amants
> Treize ans c'est comme un jour et c'est un feu de paille
> Qui brûle à nos pieds maille à maille
> Le magique tapis de notre isolement

Elle s'émeut.

> L'amour est le symbole de son rêve
> Pour aimer sans adieu
> Elle souhaite éteindre ce feu
> Ce feu qui brule en elle
> Hors d'elle
> Ce feu qui brule son temps
> Le temps

---

[117] Louis Aragon, Les yeux d'Elsa, Seghers : Poésie d'abord, 1942.

CHAPITRE II
Le double traitement
Où son rêve semble se réaliser.

En arrivant au centre, les médecins effectuent les premiers prélèvements. Ils constatent l'état de ses cellules. Celles-ci ont normalement ressenti les premiers effets de son âge. Le traitement devrait permettre de renverser leur état. Le premier remède est injecté dans ses jambes afin de bloquer la myostatine qui empêche la croissance optimale de ses muscles. Le second a pour objectif de rajeunir ses cellules vieillissantes. Le médecin injecte un gène nécessaire à la production de la télomérase dans plusieurs parties de son corps. L'enzyme aura pour mission d'agrandir les télomères se trouvant aux extrémités de ses chromosomes. Elle le sait, le raccourcissement télomérique est tenu responsable de nombreuses maladies liées au vieillissement. Une découverte homérique, notre âge et notre hygiène de vie sont responsables de ce raccourcissement. Malgré tout, artificiellement, elle les rallongera et remontera les heures et les aiguilles de l'horloge.

Le traitement s'est très vite déroulé. Il est terminé. Seul l'avenir nous dira si elle a eu raison. Raison de jouer avec les effets du temps, avec son corps, avec la vie. De retour chez elle, elle devra attendre quelques mois pour connaitre le résultat.

Le temps passe…

Six mois plus tard, le médecin reçoit à nouveau Elizabeth dans son centre afin d'effectuer un premier bilan. Il procède à un prélèvement sanguin. Le traitement ne semble pas avoir généré d'effets indésirables. La patiente est en bonne santé et l'ensemble de ses constantes physiologiques sont normales. Il vérifie ensuite la taille de ses télomères, son horloge organique. L'attente est longue, mais son sourire a rassuré Elizabeth – le traitement a fonctionné. Les télomères se sont agrandis. Leurs longueurs ont été étendues de 6,71 kilobases à 7,33 kilobases. Elle en est désormais persuadée, tout comme ses cellules, elle se sent rajeunir… Pour les cellules, cet allongement représente un équivalent de 20 ans de vie humaine. Elle pense avoir eu raison de prendre ce risque, du moins, pour le moment.

CHAPITRE III
Quand la réalité dépasse la fiction
Où 2045 redevient 2015.

Cette fiction ne s'est pas déroulée en 2045, mais a bien débuté en septembre 2015. Élisabeth est Elizabeth Parrish, la présidente actuelle de BioViva[118] – une entreprise spécialisée en biotechnologies. Cette entreprise travaille depuis de nombreuses années sur la mise au point de traitements pour inverser les effets du vieillissement, nous faire vivre plus longtemps et en meilleure santé. Élisabeth s'est fait administrer les deux traitements antiâges de son laboratoire[119]. Cette dernière serait à priori la première femme à avoir subi des manipulations génétiques pour lutter contre les effets de l'âge. Tenant peut-être des scientifiques le remède à la vieillesse, elle a décidé de le tester in vivo sur son propre corps. Une injection en intraveineuse d'un gène nécessaire à la production de télomérase, la protéine qui étend le télomère. Elle se dit être la patiente zéro. Elizabeth Parrish se justifie : « Quand j'ai commencé à m'intéresser à cette thérapie, je la considérais comme une science folle. Mais il faut croire que le temps de la science folle est arrivé. »

Pour cela, elle et ses employés se sont appuyés sur la découverte des télomères et de la télomérase. Découverte que l'on doit à la remarquable équipe constituée d'Elizabeth H. Blackburn, Carol W. Greider et Jack W. Szostak. Cette avancée félicitée par le prix Nobel de médecine en 2009[120]. Ce grand pas avait ouvert de nouvelles perspectives de guérison. Cependant, les conséquences du traitement ne peuvent être maîtrisées à ce jour. Le

---

[118] https://bioviva-science.com
[119] Dara Mohammadi et Nicola Davis, Can this woman cure ageing with gene therapy ?, 2016.
[120] Shanna Rajpar, Lionel Guittat, Jean-Louis Mergny, Télomères : un Nobel pour le début de la fin, Bulletin du Cancer, Volume 98, Issue 9, 2011.

traitement d'Élisabeth a été mené sans contrôle externe de validité et sans l'ensemble des précautions requises. Bien évidemment, dans un tel contexte, il n'est pas raisonnable. Pas plus acceptable et concevable que le possible impact de ce nouveau pouvoir conféré aux hommes.

Il est important de noter que certains traitements par thérapie génique trouvent leur place dans la lutte contre les maladies graves. Ces traitements ont fait l'objet de contrôles et n'ont rien de comparable avec cette histoire dont nous ignorons la certitude de sa justesse. Peut-on alors accepter l'usage de ce type de traitement dans les cas de patients dits sains ? Sous le simple effet d'un vieillissement que l'on doit ou non considérer comme une maladie ? Modifier la nature et la programmer à notre souhait peut être acceptable dans un cadre éthique. Dans d'autres cas, elle apparait comme un danger non maitrisé. La question est presque de nature philosophique. Que peut-on accepter et dans quelles conditions ? Notre objectif ultime est de repousser les limites de la vie. Cela répond-il à un objectif de sagesse ?

Au-delà du vieillissement, le sujet de notre fin est tellement sensible que poser des mots sur elle semble presque indécent. Tenter de gagner ce combat est encore plus injuste, mais le gagner est aussi peu juste. Nous avons tous été frappés par la fatalité prévisible de la vie qui nous a pris à l'improviste. Et nous sommes blessés, heurtés, réconfortés de nos souvenirs perdus. Observant l'énergie financière avec laquelle l'homme tente de sortir de son destin infaillible, là encore un sentiment d'indécence peut s'emparer de nous. Si l'on mène une lutte pour vivre plus longtemps, pour atteindre une immortalité, ou effacer des maladies, cela n'effacera jamais la plaie de ceux qui n'ont pu guérir. Celle de ceux qui n'ont pas eu le bon traitement, pas eu de remèdes, ne sont pas nés à la bonne époque, n'ont simplement pas eu la même chance. Plus simplement, ceux qui sont partis tout naturellement.

Faudrait-il vaincre la mort pour que le bien se confonde avec le vrai ?
Faut-il lutter contre un vieillissement pour que l'homme devienne juste
Ou plutôt qu'il reste juste un homme ?
Jouer avec la mort est certainement plus dangereux que de jouer avec la vie.
L'homme aura-t-il le droit de s'offrir à nouveau le repos d'une vie ?

De rester libre dans son destin de mortel ?

Une quête est déjà lancée dans une direction qui dépasse toute philosophie. Si la lutte contre la mort organique semble vaine à court terme, celle contre le vieillissement et les maladies associées porte beaucoup d'espoirs. Des résultats sont perceptibles. L'humain a bénéficié d'avancées technologiques de manière régulière dans son histoire. Les artéfacts sont présents sur et dans le corps des humains sous de multiples formes. Certaines de ces formes sont très répandues, telles que les prothèses, mais aussi plus rares comme les puces RFID implantées entre les doigts de certains humains[121]. Le stimulateur cardiaque fait de l'homme qui le porte un homme dépendant à la vie, à la mort d'une impulsion électrique. Le soi quantifié (de l'anglais *quantified self*) est un passage possible pour permettre à l'humain de surveiller sa santé. Les capteurs d'activité surveillent les pas, d'autres étudient votre rythme cardiaque, votre sang, votre sommeil, votre alimentation.

Les implants rétiniens[122] permettent à des personnes non voyantes de recouvrer une partie de la vue, en s'appuyant sur des lunettes qui captent l'environnement par des caméras. Les images sont traitées par un miniordinateur et sont ensuite retransmises par onde radio à une prothèse intégrée dans la rétine. Cette dernière joue le rôle de photorécepteur (cônes et bâtonnets) pour permettre au patient d'identifier les contours des objets.

Ces dernières avancées permettent une communication directe et permanente entre monde digital et physique en identifiant celui qui les porte de manière unique. Les géants américains ont bel et bien entamé leur route vers cet objectif de l'homme amélioré, et même du post-humain.

---

[121] Avec l'émergence des cryptomonnaies et le risque de vol, certains citoyens se sont fait implanter une puce RFID comportant la clé privée permettant l'accès à leur portefeuille virtuel.
[122] https://www.2-sight.com/ Système de Prothèse Rétinienne Argus®

CHAPITRE IV
Un rêve de géant
Où la fin n'est plus l'unique pensée.

La mort est une pensée presque constante pour les hommes. Une espèce douée de cette conscience. Dans le célèbre *être et temps*, Martin Heidegger soutient l'importance de comprendre la possibilité de l'impossibilité de l'existence. Il en appelle ainsi à une ouverture de cette conscience. Derrière cette angoisse universelle et persistante de l'inachevé, les hommes ont ouvert des destins variés. Aurez-vous à voyager dans la barque solaire du dieu Rê ? Affronterez-vous un jugement ? Tomberez-vous dans le néant ? Rejoindrez-vous la lumière, les ténèbres ? Repartirez-vous dans une nouvelle enveloppe corporelle ?

Épicure offrait un regard plutôt éloigné de la mort au point de nous indiquer que la mort n'est rien pour nous. Insistant sur le besoin de rechercher le bonheur tout en se détachant de cette fatalité[123].

Les géants de la technologie affichent sans complexes de grandes ambitions : faire tomber le mur de la mort, ou du moins le faire trembler un peu. Et ce, même s'il est fort probable que nous n'en sachions pas plus de ce qu'il y a précisément derrière. Une éventualité qui jusque-là nous était interdite par simple respect de nos croyances, respect des ancêtres et par un vulgaire constat accessible à chacun : aucun des 108 milliards d'hommes ayant eu la chance de vivre avant nous n'aura survécu à son destin et ce même si plus de 6% des personnes nées sur Terre sont toujours en vie !

---

[123] Épicure, Lettre à Ménécée, Traduction de Octave Hamelin, Édition électronique : Les Échos du Maquis, 2011.

Désormais, les laboratoires et les travaux sont en place pour établir un soin contre le vieillissement et envisager une lutte. Le médecin et anatomo-pathologiste français Marie François Xavier Bichat définissait la vie comme l'ensemble des fonctions qui résistent à la mort. Ainsi, notre ambition serait de pousser au plus loin cette vie pour repousser la mort. Si l'on avait abandonné cette ambition en comprenant que la mort des cellules pouvait être programmée, notre maitrise de la génétique nous permettrait-elle de réécrire ce destin ?

Des hommes ont décidé de l'affronter non plus avec des armes spirituelles, mais des armes technologiques. Peter Thiel (cofondateur de PayPal avec Elon Musk), l'un des rêveurs de notre destin en *homo deus* et l'une des plus grandes fortunes au monde citera Shakespeare : « C'est la règle commune, tout ce qui vit doit mourir, emporté par la nature dans l'éternité »[124], pour mieux répliquer « C'est peut-être vrai, mais c'est une vérité que l'on doit combattre. »

Les GAFAM (Google, Amazon, Facebook, Apple, Microsoft) ont investi dans des projets au caractère plus ou moins sensible afin de repousser certaines limites de l'humain. Les enjeux sont exceptionnels et les investissements le sont tout autant. Lutte contre les maladies, lutte contre le vieillissement ou plus simplement lutte pour l'immortalité. La vieillesse est perçue par les transhumanistes comme une maladie à guérir et non une fatalité à accepter. Jeff Bezos et Peter Thiel ont investi dans l'entreprise Unity Biotechnology dont l'objectif et de diminuer les effets de l'âge et de la maladie. Leur sujet d'étude est celui des cellules sénescentes (du latin *senex* - vieil homme) qui sont des cellules en fin de vie. Des travaux effectués sur les souris ont montré que l'élimination des cellules de ce type peut avoir un effet positif sur l'état de santé de l'animal[125]. Ces cellules sont tombées dans l'incapacité de se diviser au travers de la mitose[126]. En règle générale, elles sécrètent une substance permettant de les éliminer sur demande. Cependant, dans certains cas, l'élimination de ce type de cellules ne s'effectue pas

---

[124] William Shakespeare, Hamlet, 1601.
[125] Baar, Marjolein & Brandt, Renata & Putavet et al. Targeted Apoptosis of Senescent Cells Restores Tissue Homeostasis in Response to Chemotoxicity and Aging. Cell. 169. 2017.
[126] Lujambio, A. To clear, or not to clear (senescent cells)? That is the question. BioEssays 38, S56–S64, 2016.

correctement. Elles s'accumulent alors et génèrent un nombre important de pathologies bien connues avec les effets de l'âge.

Des questions qui semblaient appartenir à la seule métaphysique et à la philosophie ont trouvé un chemin biologique. Le professeur en génétique George Church affirme que la biologie synthétique a le pouvoir de réinventer la nature et de nous réinventer nous-mêmes[127]. Il indique que les avancées en biologie pourraient permettre de prolonger la durée de vie de l'homme. Il prononcera la phrase suivante : « Je pense que nous sommes très proches. Je pense que le monde est proche, tant que nous n'avons pas de revers. »

En ce qui concerne la lutte contre le cancer, certains robots pas plus grands que l'épaisseur d'un cheveu pourraient nous aider. Ces nanomédicaments organiques sont construits sur la base de l'origami d'ADN[128]. Des structures en deux ou trois dimensions composées à partir de brin d'ADN de virus et qui peuvent contenir une substance soignante[129]. Cette dernière est libérée grâce à une porte chimique qui s'active au contact direct des cellules à traiter.

Si freiner et arrêter le cancer est une quête importante vers le rallongement de l'espérance de vie, Google affiche des ambitions plus grandes. Larry Page a annoncé à ce sujet la volonté de faire plus, rappelant que la fin de cette maladie ne sauverait que trois ans de l'espérance de vie de notre espèce : « Vous devez penser au-delà. Pensez au-delà de ce qui fait de nous des mortels. Pensez au-delà de ce privilège qu'est la mort. »

Les méthodes de modification génétiques sont déjà là. Citons les ciseaux génétiques CRISPR ou plus récemment le Prime editing[130]. La découverte du lien entre le niveau de NAD+ et le prolongement de la durée de vie en bonne santé, mais aussi de la seule durée de vie[131]. La mise en place de techniques

---

[127] George M. Church, Regenesis: How Synthetic Biology Will Reinvent Nature and Ourselves, Kindle Edition, Ed Regis, 2012.
[128] Rothemund, Paul W.K. Folding DNA to create nanoscale shapes and patterns, Nature 440:297-302, 2006.
[129] DNA origami applications in cancer therapy Anuttara Udomprasert and Thaned Kangsamaksin, Cancer Sci. Aug; 108(8): 1535–1543, 2017.
[130] Andrew V. Anzalone, Peyton B. Randolph et al., Search-and-replace genome editing without double-strand breaks or donor DNA, Nature, 2019.
[131] Verdin E. NAD+ in aging, metabolism, and neurodegeneration. *Science*; 350(6265), 2015.

de supplémentation en précurseurs de NAD+ avec les molécules NR (Nicotinamide Riboside) et NMN (Nucléotide nicotinamide Mono Nucléotide). Ces découvertes offrent des perspectives nouvelles. Elles nous font concevoir notre relation au temps de manière différente. Loin d'être une fatalité, recouvrer sa jeunesse devient en partie possible à certaines échelles. Les opportunités thérapeutiques sont prometteuses. Le marché associé aux traitements antiâges ne fait qu'augmenter. Il était de 50,2 milliards de dollars américains en 2018. Les prédictions indiquent une croissance de près de 6 % entre 2018 et 2023[132]. Les professionnels proposent déjà des produits sur le marché.

Nous pourrions très rapidement saisir une nouvelle forme de véracité dans la relation entre l'argent et le temps. Les considérations éthiques sont et devront continuer à faire partie du débat sur le sujet. Celui-ci n'en est qu'à ses balbutiements.

Si la quête d'une vie éternelle biologique est en cours, les technologies digitales ne peuvent-elles pas déjà nous offrir un semblant d'immortalité ?

---

[132] Size of the anti-aging market worldwide from 2018 to 2023, Statista, 2018.

CHAPITRE V
Mon dernier message
Où la mémoire est un acte digital.

Sur votre chemin digital, vous rencontrerez peut-être un blogue dont le dernier billet a des centaines ou même des milliers de commentaires. Des messages au souvenir, des condoléances, des pensées pour la personne qui n'est plus là tout en restant visible au travers de ses œuvres, de ses textes publiés en ligne tout au long d'une vie. Emporté par le temps, la maladie et quelquefois par accident, la personne n'est plus, mais continue d'exister à travers son image, une image qui a désormais une mémoire digitale. Il est possible de revenir dans son passé et prétendre comprendre sa vie, remonter l'horloge de la liste des messages pour la voir évoluer à l'envers et oublier un instant le destin. Nous revoyons les photos, parcourons les souvenirs. Nous redécouvrons les mots d'une âme disparue, comme si son départ avait de nouveau coloré l'image de ce qu'elle était. Comme si en partant, les traces de sa mémoire s'étaient offertes une nouvelle dimension, une profondeur d'une beauté incomparable. Nous nous accrochons à de petites choses, des bribes d'une vie qui résonnent en nous. Des bribes de souvenirs qui au moment où ils s'écoulaient ne nous laissaient pas imaginer leur grandeur. À l'inverse, des instants importants de nos vies se font finalement discrets dans nos têtes. Notre mémoire ne les aura pas sublimés.

Il existe des cimetières de blogues, de longues listes de liens vers les pages abandonnées de la vie. Se pose la question de l'héritage, des droits, des devoirs. Faut-il confier nos accès à un proche ? Faut-il conserver nos écrits en ligne ? Souhaitez-vous déléguer votre compte ou plutôt disparaitre à jamais de cette image numérique, disparaitre à tout jamais des deux mondes ?

Les professionnels se positionnent pour nous accompagner dans la gestion de cet avenir digital. Mémorialiste digital est un nouveau métier. Nous retrouvons en plus des services testamentaires, de gestion de comptes, assurance vie et transmission de données à des personnes de confiance. Il est également possible de préprogrammer l'envoi de messages à certains membres de votre famille. Une agence affirme « c'est un héritage que vous pouvez donner à vos enfants et à vos proches. Vos expériences vous ont appris un certain nombre de choses sur la vie. Faites bénéficier votre expérience à vos proches, inspirez-les en continuant à vivre à travers eux. »

Les QR-codes (code-barres en deux dimensions) ont pris place jusque dans nos cimetières. Symbole du lien ultime qui peut exister entre une vie emportée et des données numériques d'une histoire qui perdure. Un destin porté dans le temps et qui ne garde dans l'espace pas plus qu'un carré de place. Le code garde un fil, un infime lien entre les royaumes. Un monde physique, un monde numérique et un monde spirituel qui s'écrit avec croyance.

Le monde digital pourrait faire survivre l'homme avec les outils d'analyse de textes et les algorithmes sophistiqués d'intelligence artificielle. Si l'on a pu faire émerger de nouvelles œuvres d'artistes disparus, peut-on utiliser la technologie pour simuler une vie déchue, mais qui continue ? Nous pourrions espérer comme pour les œuvres d'art voir renaitre l'homme différemment.

CHAPITRE VI
Une voix qui défie le temps
Où une voix s'offre l'éternité.

Vous avez certainement déjà rencontré cette nouvelle forme de logiciels appelés dialogueurs lors de vos séances de navigation sur la toile. Ces *chatbots* sont des entités artificielles capables de tenir une conversation avec un humain. Les agents conversationnels, bien que souvent peu convaincants, offrent des possibilités d'interactions intéressantes. Vous les retrouverez sur les sites web ou sur les applications de messagerie. Le célèbre trombone aux yeux sympathiques surmontés de sourcils mis en place sur Windows à partir de 1996 est peut-être l'un de vos vieux souvenirs. Ce curieux personnage, du nom de *Clippy*, vous accompagnait pour la rédaction de lettres sur Microsoft Word. Loin de ce personnage de fonction, l'aventure de James Vlahos est celle d'un homme qui va porter le chatbot à une tout autre dimension.

Le journaliste américain a développé un projet unique et remarquable grâce à la technologie. Ce journaliste a toujours été passionné par les agents conversationnels. Tandis que son père John James Vlahos devait faire face à la maladie, il voulut conserver les traces de son histoire et la faire perdurer. Pour cela, il organisa des sessions de discussions enregistrées, des sessions où son père racontait son histoire, ses passions, ses expériences, des faits sur sa famille, la manière dont il a rencontré sa mère, et tant d'autres choses. Des heures d'enregistrements qui pourraient lui permettre de conserver le souvenir présent d'un destin voué à s'envoler. Il passa des heures et même des jours à retranscrire leurs échanges sur une machine. Il souhaitait leur offrir un semblant d'éternité.

Son père faisait face aux effets toujours plus dévastateurs de la maladie, et pressentait de plus en plus la fragilité de son passage. Il eut alors une idée, un rêve fou, lui préparer un futur digital. Il focalisa son énergie dans la création d'un dialogueur. Son *dadbot* ou *robot papa* pourrait retranscrire le ton et l'humour de son père, mais aussi conserver ses anecdotes, ses histoires, son histoire. Il pourrait lui parler pour toujours. Obtenant l'accord de sa famille, il se mit à la tâche en exploitant l'ensemble des enregistrements. Commençant par une simple manière de saluer, ou de demander comment il va, il poursuivit son labeur pour améliorer constamment son projet. Il continua les séances avec son père, jusqu'au jour où son destin l'a rappelé et où, dans le réel, ils se sont quittés. Dans son chagrin, il n'abandonna pas son rêve. Au contraire, il en fera une obsession. Il explique sa folle ambition : « Même s'il est possible de n'avoir qu'une toute petite possibilité de vie digitale après la mort, alors la personne que je veux rendre immortelle est mon père. » À force de travail et après avoir laissé ses proches échanger avec son *dadbot*, il ajusta son projet pour atteindre un réalisme surprenant. En 2017, il fut invité au Web Summit pour présenter sa création, sa folle aventure, son père digital[133]. Une création qui a suscité curiosité, inquiétude, tendresse et empathie.

Dans la lignée de ce projet, les professionnels de l'audiovisuel ont fait ressusciter les voix de John Fitzgerald Kennedy et même celle du Roi Soleil[134]. Des voix qui en appelleront d'autres pour les prochaines années.

Faire survivre une voix comme pour rêver à une forme d'immortalité. L'invention de Thomas Edison avait déjà en 1877 semblé apporter ce rêve. Un son qui appartenait à l'unique présent, puis essentiellement au passé était jusque-là voué à disparaitre. Ce même son, ses fréquences, ses ondes pouvaient désormais être enregistrés et rêver d'un autre destin. La voix pourrait perdurer et se transmettre chez chacun et à sa convenance. Le timbre du chanteur n'existerait plus uniquement dans la mémoire, mais pourrait surexister son auteur. Il pouvait traverser le temps au profit de sa voix. Le phonographe avait offert une forme d'immortalité. Une immortalité qui nous fait oublier l'instant unique du passé où la voix s'est posée dans la machine,

---

[133] Annabelle Laurent, Parler aux morts sera, dans le futur, aussi naturel qu'ouvrir Facebook », 20 minutes, 2016.
[134] Initiative à l'occasion du lancement de la dernière saison de la série Versailles, INfluencia, 2018.

au moment de l'enregistrement. Quand était-ce ? Où était-ce ? Quel âge avait-il ? Que s'est-il passé les instants succédant l'enregistrement ? À l'écoute d'un passé devenu pour quelques instants notre présent, on oublie les questions, et l'on s'immerge dans le son et l'émotion. Cet instant que l'on vit au présent est pourtant bien un résidu artistique du passé. Nous aurons remonté le temps au-delà du souvenir vers quelque chose de plus brut, d'éternel. Un cristal de temps.

À l'image d'une platine vinyle et du robot conversationnel, nous comprenons l'importance de la donnée pour créer une mémoire informatisée de nos présences sur Terre. Cette technologie outil devient une technologie mémoire. Elle garde indéniablement quelque chose de nous qui est retranscriptible. Si nous sommes un être matériel et spirituel, alors jusqu'à quel point la donnée que nous produisons peut refléter ce que nous sommes ? Peut-on imaginer disposer d'un jumeau numérique qui nous survivrait ? Un homme dans la matrice ?

CHAPITRE VII
Le jumeau numérique
Où nous sommes numérisés dans un jumeau de données.

L'industrie et l'internet ont fait émerger une notion nouvelle, celle de jumeau numérique. Elle s'applique pour le moment à des objets et non à des personnes. Ces représentations sont des simulations numériques et dynamiques de l'état d'un objet réel. Ils sont représentés fidèlement par ordinateur en fonction des caractéristiques qu'ils présentent. Taille, poids, forme, fragilité, structure, matériaux, position, usure. Pour cela, les jumeaux numériques sont modélisés en temps réel et traités avec les données captées. Cette approche requiert conjointement puissance de calcul, techniques d'intelligence artificielle et analyse de données. Elle est utilisée pour gérer le fonctionnement d'appareils ultra-connectés tels que les très prochaines voitures autonomes ou certains appareils d'aviation. Ces modèles artificiels sont fidèles à leur jumeau en s'adaptant à leur usure et à leur état de santé. Des simulations et observations issues des données permettent de piloter l'objet, de projeter son comportement, mais aussi d'anticiper la fatigue des matériaux, les microfissures et optimiser les tâches de maintenance.

Il est vraisemblable que notre société soit en phase d'obtenir son jumeau digital, un jumeau contrôlé et piloté par les géants du web. Ceux-ci ne cachent pas leur ambition en mentionnant déjà explicitement une vision à 360 degrés d'un client ou d'un prospect. Ils analysent au plus profond ce que nous sommes, dans nos textes, nos images et nos données. Il en est de même dans la e-santé ou le suivi du patient peut se faire en temps réel et sur un grand nombre de paramètres physiologiques. La technologie agit tel un scanner mis au point pour ne rien manquer et mieux croiser nos données, in fine pour les digitaliser dans le jumeau numérique. Serons-nous fidèlement représentés en fonction de nos caractéristiques ? Émotions, sensations, envies, idées, originalités. Ce jumeau a l'avantage inquiétant d'être réaliste, mathématique et comparable à des milliards d'autres. Il permet de mieux en comprendre le fonctionnement, la spécificité.

Peut-on craindre que le destin des jumeaux ne s'enchevêtre ? À l'image de nos particules quantiques qui promettent l'avenir de l'ordinateur. Nous tenons l'enjeu du débat en nous demandant si l'un peut influer sur l'autre, en l'occurrence un modèle digital sur un modèle réel. Pour des particules intriquées, la modification de l'une entraine instantanément la modification de l'autre, et ce quel que soit la distance qui les sépare. Souhaitons qu'il n'en soit pas ainsi de nos vies. Nos modèles digitaux permettraient alors de piloter nos comportements. Les millions de travaux de recherche sur le marketing numérique confirment cette hypothèse.

Une chose est désormais actée : des deux jumeaux, quand l'un disparait, l'autre peut prétendre poursuivre sa route. Cette vision du jumeau numérique pourrait se traduire sous un nouvel élan de vérité au travers des interfaces personne-machine, mais également des avancées sur des sujets aussi imperceptibles que la conscience. L'homme a mis au point des machines dont on souhaite faire émerger si ce n'est une forme de conscience, du moins une modélisation du soi, de sa propre existence. L'idée de permettre à une machine de conceptualiser son être est un pas en ce sens. Une représentation qui peut permettre un apprentissage perceptuel, épisodique et procédural (voir le cadre LIDA *Learning Intelligent Distribution Agent*). Les chercheurs Bernard J. Baars et Stan Franklin soutiennent que les fonctions de la conscience sont produites par des algorithmes biologiques adaptatifs. La conscience de la machine pourrait-elle être produite par des algorithmes similaires[135] ?

Cette hypothèse est d'autant plus envisageable en imaginant une technologie capable de lire nos ondes cérébrales ou de simuler un cerveau sur ordinateur.

---

[135] Baars, Bernard & Franklin, Stan. Consciousness is computational: The LIDA model of global workspace theory. International Journal of Machine Consciousness, 2009.

CHAPITRE VIII
Une tête bien câblée
Où une souris au crâne percé devient connectée à un ordinateur.

Les neurosciences et l'intelligence artificielle seront-elles bientôt capables de lire nos pensées ? Les avancées au sujet des interfaces cerveau-machine sont prometteuses et des études publiées régulièrement montrent à quel point nous progressons dans ce domaine. Les premiers objectifs concernent la restauration des fonctions motrices et sensorielles et le traitement des troubles neurologiques. Mais avec une telle technologie, tout semble envisageable.

Une étude a montré la teneur du possible en écoutant nos ondes cérébrales afin de reconstruire une image visionnée par un patient[136]. Celle-ci reste quelque peu imprécise, mais donne une bonne idée de l'image de départ. La technique est sophistiquée. Un patient est installé devant une image projetée face à lui. Les scientifiques mesurent son comportement cérébral avec l'aide d'une imagerie par résonance magnétique fonctionnelle. Cette dernière permet de visualiser les ondes cérébrales afin de les analyser. La démarche est rendue possible par la mesure des variations du flux sanguin et l'aimantation de l'hémoglobine. Un programme va ensuite ajuster les pixels de l'image à reconstruire, de sorte à faire correspondre les attributs d'un réseau de neurones artificiels profonds avec les attributs décodés depuis l'imagerie cérébrale. Pour accomplir cette tâche, la machine a accès à un très grand ensemble d'images numériques. Elle se sert d'une certaine perception du monde. Les auteurs résument leur contribution comme une méthode de

---

[136] Shen, G., Horikawa, T., Majima, K., & Kamitani, Y. Deep image reconstruction from human brain activity. PLoS Computational Biology, *15*(1), 1–23, 2019.

reconstruction d'image visuelle à partir du cerveau qui peut révéler à la fois le contenu vu et imaginé en capitalisant sur plusieurs niveaux de représentations corticales visuelles. Ils précisent : « Nous avons décodé l'activité cérébrale en caractéristiques visuelles hiérarchiques d'un réseau neuronal profond et optimisé une image pour rendre ses caractéristiques similaires aux caractéristiques décodées. Notre méthode a réussi à produire des images perceptiblement similaires aux images naturelles vues et aux images artificielles, alors que le décodeur n'a été formé que sur un ensemble indépendant d'images naturelles. »

Dans un autre cadre, en 2016, un singe paralysé pouvait de nouveau marcher grâce à un dispositif neurologique. Le système est capable de mettre sur écoute les commandes relatives à la motricité par un implant avec une centaine d'électrodes directement situées dans la zone du cerveau qui contrôle les jambes du primate. Les données sont transmises sans fil afin de les analyser sur ordinateur en temps réel. Ce dernier décode les intentions de mouvement pour finalement les traduire à un stimulateur situé en aval de la blessure et engendrant le mouvement. La synchronisation finale observée dans le mouvement est presque parfaite[137].

Les ondes cérébrales commencent à nous parler par ordinateur. Nous les entendons et les mettons sur écoute. La naïveté ou la nature voulait que l'on ignore tout de ce qui se trame dans la tête d'un homme en dehors de ses actes et de ses dires. La médecine et la technologie ouvrent un regard plus profond. Un respect d'une vie privée qui ne devait pas dépasser les limites de la boite crânienne. Désormais, on perce le crâne des rats et on écoute celui des humains. Il n'est plus besoin d'écrire ou de dire pour donner corps à nos idées. Elles seront captées à leur essence, dans leur genèse. Peut-être même sans que nous nous en rendions compte. La psychologie et les neurosciences se rejoignent. La psychologie se durcit, les mathématiques se ramollissent. Les neurosciences sociales reflètent ce type de mouvements et les modifications des frontières historiques. Les comportements étudiés

---

[137] Capogrosso, M., Milekovic, T., Borton, D. et al. A brain–spine interface alleviating gait deficits after spinal cord injury in primates. Nature 539, 284–288, 2016.

habituellement par la psychologie sociale sont explorés avec un regard pluridisciplinaire, trouvant une interaction entre le fonctionnement des systèmes biologiques et neurobiologiques et les phénomènes de psychologie sociale.

Figure 25 : Image représentant in vivo la connexion de certaines zones du cerveau d'un rat à un ordinateur par une connectique USB-C.

Il s'agit d'un pas pour étudier l'homme selon les différentes échelles et interactions entre ces échelles, à l'image du travail qui est à faire pour l'analyse du cerveau. Les limites créatrices se repoussent. Repoussées par des hommes qui veulent en savoir et en découvrir plus.

Elon Musk est de ce type d'homme. Celui même qui a révolutionné le paiement en ligne, puis le monde de l'automobile avec la Tesla électrique et qui rêve du transport spatial durable avec SpaceX. Dans son aventure vers la connexion de l'homme à la machine, en juillet 2019, il présente pour la première fois les avancées effectuées par Neuralink. Il publie alors un rapport étonnant présentant un rat au cerveau connecté via une interface USB-C (Figure 25). L'objectif de sa présentation, il ne le cache pas, recruter des talents pour aller plus loin et plus vite. L'entreprise a développé une machine capable d'insérer 192 électrodes par minute avec une précision exceptionnelle. Chaque fil peut être inséré individuellement dans le cerveau avec une précision au micron afin d'éviter le système vasculaire de surface et cibler des régions spécifiques. Le réseau d'électrodes est intégré dans un dispositif implantable contenant des puces personnalisées pour l'amplification et la numérisation intégrées de signaux de faible puissance. Le boitier de 3 072 canaux occupe une taille de moins de 23 × 18,5 × 2 mm³. La photo fait peur et elle intrigue. Cette image n'est que la première d'une longue série de créations humaines à venir.

Nous ne pouvons l'entendre sans remettre en cause nos croyances. Si nous espérons lire une infime partie des signaux cérébraux, nous imaginons un jour télécharger ou envoyer un nouveau programme dans l'animal. Le faire avec génie génétique (ou biologie de synthèse) est presque acquis, mais nous imaginons mal son impact avec nos yeux d'ignorants. Avec un port USB-C sur la tête, chacun comprend ce qui se passe. La métaphore est différente, mais dans les deux cas, la vie va changer, la vie change. La compréhension du cerveau de l'homme est évidemment parmi les projets les plus ambitieux.

Les chercheurs ont identifié l'activité cérébrale liée à la motricité à partir de l'étude de certaines populations de neurones localisés dans le cortex moteur. Nous aurons réussi à faire se déplacer un curseur d'ordinateur grâce à la mesure de l'activité des neurones. En 2008, les chercheurs de l'Université de Pittsburgh vont franchir un nouveau cap en permettant le contrôle d'un membre artificiel en temps réel[138]. Nous découvrirons alors la surprenante image d'un singe capable de contrôler un bras articulé afin de saisir de la nourriture pour s'alimenter. Le mouvement est effectué en trois dimensions et la prise de la nourriture est assurée par l'activité cérébrale uniquement.

D'autres avancées illustrent les progrès effectués dans le domaine des interfaces de cerveau à cerveau (BBI pour brain to brain interface). Les interfaces de ce type sont capables de lire des données depuis un cerveau

---

[138] Velliste, M., Perel, S., Spalding, M. et al. Cortical control of a prosthetic arm for self-feeding. Nature 453, 1098–1101, 2008.

pour les transmettre à un autre[139]. Dans leur démonstration des plus surprenantes, deux chercheurs sont reliés non pas par la pensée, mais par la machine. D'un côté, on enregistre l'activité cérébral avec l'aide d'un électroencéphalogramme, de l'autre, une stimulation magnétique transcrânienne permet de transmettre les instructions au cerveau du second chercheur. Entre les deux, les données sont numérisées. Tandis que le premier s'exerce à un jeu dont l'objectif est de faire feu au bon moment avec la pensée (il n'agit pas), l'autre recevra l'instruction d'appuyer sur la touche pour lancer l'action. Un exemple de coopération entre deux cerveaux dont la démonstration est surprenante.

Dans cette même direction, l'objectif serait de faire naitre un réseau de cerveaux pouvant travailler en collaboration. Cette vision n'est pas utopique, puisqu'une première étude a démontré en partie sa faisabilité. Trois personnes sont impliquées dans l'expérience d'un jeu de Tetris. Deux membres sont face au jeu et décident d'effectuer ou non une rotation du bloc à positionner. Cette information est combinée entre les deux chercheurs, puis transmise au dernier qui ne perçoit pas l'écran. Celui-ci doit, grâce aux données reçues, prendre la décision d'effectuer ou non la rotation. L'expérience permet d'effectuer une boucle de rétroaction en autorisant aux deux transmetteurs d'évaluer la décision du récepteur et d'envoyer à nouveau un ordre si la décision n'est pas bonne[140]. Le futurologue Michio Kaku commentait cette technologie en indiquant que les réseaux de cerveaux remplaceront l'internet. *BrainNet* enverra des souvenirs, des sensations, des sentiments sur internet.

La collaboration n'est à ce jour pas parfaite, car elle est unidirectionnelle et basée sur un jugement binaire. Les scientifiques nous rappellent que cette démonstration ne signifie pas que nous avons compris le mode de fonctionnement du cerveau et encore moins le mécanisme de pensée.

---

[139] Rao RPN, Stocco A, Bryan M, Sarma D, Youngquist TM, Wu J, et al. A Direct Brain-to-Brain Interface in Humans, 2014.
[140] Jiang, Linxing & Stocco, Andrea & Losey, Darby & Abernethy, Justin & Prat, Chantel & Rao, Rajesh. BrainNet: A Multi-Person Brain-to-Brain Interface for Direct Collaboration Between Brains. Scientific Reports, 2019.

Toutefois, elle suggère un possible avenir où nos émotions, nos souvenirs seraient interconnectés, un réseau d'hommes et de mémoires d'hommes.

Continuons notre réflexion pour tenter de percer le secret le mieux gardé du monde. Imaginons jusqu'où l'homme peut s'inscrire dans cette nature digitale.

CHAPITRE IX
Digitaliser le cerveau, puis l'humain
Où l'on cherche à percer le mystère le mieux gardé du monde.

Le cerveau est au cœur des enjeux, il nous permet des taches des plus surprenantes et uniques telles que la pensée abstraite. De nombreux projets portent sur la numérisation du cerveau humain que beaucoup estiment inaccessible, quelquefois avec raison et non sans l'appréhension de découvrir une réalité biologique et matérielle cachée derrière notre premier moi ou notre invariable milieu.

Le cerveau reste encore largement inconnu. Pourtant, à l'image de nos progrès pour l'observation de la matière, nos techniques se sont affinées en ce qui concerne l'observation et la captation des données cérébrales. Nous disposons de solutions plus ou moins intrusives s'appuyant sur les signaux magnétiques et électriques. Nous progressons sur les technologies permettant de capter, de visionner l'activité cérébrale en temps réel sur des sujets humains. La magnétoencéphalographie, l'électroencéphalographie, l'électrocorticographie et les microélectrodes à enregistrement des potentiels de champs locaux sont les principales approches utilisées de nos jours. Toutefois, elles ne sauraient nous faire oublier la complexité de la tâche. Le cerveau est un organe qui ne peut s'appréhender sans considérer ses échelles de fonctionnement multiples et les interactions entre les mécaniques fonctionnelles à différents niveaux. Les perspectives sont variées et monopolisent les enjeux à différents ordres biologiques. Il faut prendre en compte des considérations chimiques, électriques et biologiques à des échelles cellulaires, fonctionnelles, atomiques, moléculaires, organisationnelles. Si la manière dont un simple neurone fonctionne est assez bien maitrisée, les réseaux de neurones sont toujours peu compris. Pour dénouer les fils de l'intrigue, des projets d'ampleurs exceptionnels ont été menés depuis de nombreuses années.

L'un de ces projets est le célèbre *Bluebrain* débuté en 2005 et étendu au *Human Brain Project* (HBP). Son ambition est, grâce à une analyse poussée du fonctionnement du cerveau, de proposer une simulation. Cette simulation détaillée doit prendre en compte les formes des neurones, leurs propriétés électriques, y compris les canaux ioniques et autres protéines. La tâche est d'une complexité extrême. Le cerveau humain dispose de 300 milliards de cellules. Le réseau de neurones est lui composé de près de 10^{14} synapses et plus de 80 milliards de neurones. Le tout est dynamique, des neurones disparaissent, d'autres se créent et les connexions synaptiques évoluent, tout comme les échanges chimiques. Les simulations proposées doivent s'approcher du mode de fonctionnement du cerveau en corroborant les mesures effectuées sur des patients (captées avec les méthodes déjà citées). Des limitations purement calculatoires sont un frein majeur. Si l'augmentation régulière des puissances de calculs permet de progresser, les superordinateurs les plus puissants du monde ne sauraient offrir les conditions suffisantes pour modéliser à tous les niveaux un cerveau humain dans son unité, sa globalité et sa complexité.

Pour percer ses secrets, l'activité cérébrale doit idéalement être suivie et modélisée en temps réel. Les potentiels d'actions, que l'on peut qualifier d'informations électriques[141], ne durent pourtant pas plus de deux millisecondes. Capter, retranscrire et simuler ce niveau de complexité est l'un des défis les plus importants de ce siècle. À ce jour, le projet HBP a permis de modéliser le fonctionnement d'une petite partie du cerveau d'un rat[142]. Le modèle est capable de simuler 31 000 cellules connectées par 37 millions de synapses. Dans cette lignée, ce sont 1,19 milliard d'euros investis pour permettre d'ici 2024 de simuler le cerveau humain[143].

---

[141] Les potentiels d'actions parcourent les axones des neurones pour permettre la libération de neurotransmetteurs.
[142] Markram H†, Muller E†, Ramaswamy S†, Reimann MW†, Abdellah M, Sanchez CA, Ailamaki A, Alonso-Nanclares L, Antille N, Arsever S et al. Reconstruction and Simulation of Neocortical Microcircuitry. Cell 163:2, 456 – 492, 2015.
[143] Human Brain Project : 1,19 milliard d'euros pour un Cern du cerveau, Laurent Sacco, 2013.

Si le Graal est encore loin, certaines études ont permis de détecter la signature neuronale de la schizophrénie[144]. Des progrès sont également en cours pour lutter contre la maladie d'Alzheimer, mais aussi pour détecter les signaux précurseurs d'un accident vasculaire cérébral ou même réparer les lésions.

Pour mieux comprendre la structure du réseau de neurones et son importance dans les différentes fonctions, il existe une approche plutôt surprenante : la mise en culture. Il s'agit de développer un réseau de neurones sur des substrats en laboratoire. La culture de neurones est alors effectuée sur des grilles permettant de capter et d'envoyer en des points réguliers une activité électrique. La culture de neurones sur substrat permet d'obtenir un réseau neuronal organique en deux dimensions dont les connexions se construisent en quelques heures et dont l'action spontanée s'observe après quelques jours. Celle-ci peut se faire à partir de prélèvement de cellules d'hippocampe et de cortex de rats. Dans leurs travaux datant du début du millénaire, les chercheurs de l'institut de technologie de Californie vont franchir un pas stupéfiant, celui de l'animât contrôlé par réseau de neurones[145]. Contrôler un animal virtuel à partir de l'activité d'un réseau de neurones réel. La souris virtuelle est placée dans une pièce assez simple, lui laissant la possibilité de se mouvoir. Le système mesure alors les potentiels d'actions sur le réseau de neurones et les retranscrit en action de la souris dans la pièce. Les rencontres avec des murs virtuels sont répercutées sur le réseau. In fine, l'analyse des patterns spatio-temporels ainsi obtenus pourrait permettre de mieux comprendre le mécanisme d'apprentissage. À ce stade, les observations effectuées par les chercheurs ne semblent pas apporter de données exploitables, mais l'effort est aussi remarquable qu'inquiétant. Le concept d'animât est certainement à mettre en perspective avec une vision du jumeau numérique 2.0.

Enfin, l'informatique neuromorphique imaginée depuis plus de 40 ans s'inspire du fonctionnement du cerveau afin de construire de nouvelles

---

[144] Neuron-specific signatures in the chromosomal connectome associated with schizophrenia risk, Prashanth Rajarajan, Tyler Borrman, et al., Science, 2018.
[145] Demarse TB, Wagenaar DA, Blau AW, Potter SM. The Neurally Controlled Animat: Biological Brains Acting with Simulated Bodies. Auton Robots; 11(3), 2001.

générations de puces de calcul plus économes en énergie et plus performantes. À l'image du mécanisme d'apprentissage dans le cerveau qui se traduit par la plasticité synaptique, les puces artificielles sont capables d'offrir une forme de plasticité. Les travaux effectués pour entrainer ce type de processeur de la même manière que les humains nous portent un enseignement intéressant qui fait écho au début de cet ouvrage. La chercheuse en informatique Yijing Watkins qui travaille sur cette problématique indique : « Nous étudions les réseaux neuronaux de pointe, qui sont des systèmes qui apprennent comme le font les cerveaux vivants. Nous étions fascinés par la perspective de former un processeur neuromorphique d'une manière analogue à la façon dont les humains et les autres systèmes biologiques apprennent de leur environnement pendant le développement de l'enfance. »[146] La démarche utilisée a cependant posé de nombreux problèmes de stabilité. Le physicien et biologiste Garrett Kenyon indique : « La question de savoir comment empêcher les systèmes d'apprentissage de devenir instables ne se pose vraiment que lorsque vous essayez d'utiliser des processeurs neuromorphiques biologiquement réalistes et dopés ou lorsque vous essayez de comprendre la biologie elle-même. »

La solution finalement trouvée par l'équipe de recherche est surprenante et pourtant bien naturelle. Ils vont exposer le réseau à une forme de bruit gaussien qui parait nécessaire pour acquérir la stabilité. Un bruit que les chercheurs comparent à celui reçu par les neurones humains lors du sommeil. Ce sommeil, cette exposition au bruit serait donc nécessaire pour obtenir un fonctionnement stable. Les chercheurs concluent par une phrase qui résonne au sens de la valeur du bruit : « Le sommeil à ondes lentes peut agir, en partie, pour garantir que les neurones corticaux n'hallucinent pas leurs caractéristiques cibles dans un bruit pur, contribuant ainsi à maintenir la stabilité dynamique. » Nos technologies biomimétiques, doivent s'inspirer du bruit, du sommeil pour fonctionner correctement. Notre monde digital semble se construire sur les pas de nos découvertes passées. Elle ouvre des

---

[146] Using Sinusoidally-Modulated Noise as a Surrogate for Slow-Wave Sleep to Accomplish Stable Unsupervised Dictionary Learning in a Spike-Based Sparse Coding Model, CVPR Women in Computer Vision Workshop, 2020.

chemins nouveaux qui ressemblent et nous rappellent à notre ancienne nature.

Avec les progrès observés, nous pensons un jour prochain réussir un cerveau interface. Celui-ci sera alors connecté au cloud. Une possibilité de libérer notre esprit en décentralisant certaines tâches sur des ordinateurs distants. Une manière de se libérer de nos mains, de notre corps, de nos limites et de vivre dans les nuages.

L'entrepreneur et milliardaire russe Dmitry Itskov rêve d'immortalité. Pour atteindre son objectif, il va fonder l'initiative 2045. Ce regroupement travaille sur l'élaboration de techniques dont l'objectif ultime est d'atteindre une forme d'immortalité au travers d'avatars. Le projet est décrit de la manière suivante « La première phase consiste à créer un robot humanoïde et un système d'interface cerveau-ordinateur à la pointe de la technologie. La phase suivante consiste à créer un système de survie pour le cerveau humain et à le connecter à l'avatar. La phase finale est de créer un cerveau artificiel dans lequel transférer la conscience individuelle originale. » L'échéance progressive est fixée à 2045 pour permettre à un avatar de franchir les quatre phases de son évolution[147].

Avatar A (2015-2020) : Une copie robotique d'un corps humain contrôlé par une interface cerveau machine.

Avatar B (2020-2025) : Un avatar dans lequel est transplanté un cerveau humain à la fin de sa vie.

Avatar C (2030-2035) : Un avatar avec un cerveau artificiel et dont la personnalité est transférée à la fin de la vie d'un homme.

Avatar D (2040-2045) : Un avatar holographique.

S'agira-t-il d'un avenir si libre qu'il ne restera ni corps, ni âme, ni individus, mais uniquement des pensées flottantes dans une cybersoupe, comme un retour à la soupe primordiale, celle-là même à l'origine de la vie ? Aurons-

---

[147] http://www.2045.com

nous droit à cet instant de regénèse ou à des esprits bloqués à jamais ? Anticiper les risques, les prendre au sérieux et user de notre intelligence doit nous permettre de progresser, de nous protéger et de contrôler la situation, pour garder notre place d'homme qui pense. Tel que le disait Oscar Wilde, d'hommes qui même depuis le caniveau peuvent regarder vers les étoiles sans pour autant perdre la raison ?[148]

---

[148] La formulation originale d'oscar Wilde est la suivante : « Nous sommes tous dans le caniveau, mais certains d'entre nous regardent les étoiles ».

CHAPITRE X
N'oublions pas les humanoïdes
Où les robots entrent dans l'avenir.

La célèbre citation de Platon au sujet de la mort nous questionne : « Est-ce autre chose que la séparation de l'âme d'avec le corps ? On est mort, quand le corps, séparé de l'âme, reste seul, à part, avec lui-même, et quand l'âme, séparée du corps, reste seule, à part, avec elle-même. » Si l'âme est immatérielle et immortelle, comment peut-on la synthétiser ou même lui donner un support matériel ? Prend-elle place dans notre cerveau ou en est-elle déconnectée ? Selon Isaac Newton, c'est l'esprit qui nait dans le cerveau.

Bien en deçà de la question de l'âme, celle d'une intelligence artificielle consciente et générale est ouverte. La contribution de Sophia, le robot humanoïde créé par David Hanson pourrait être d'une aide précieuse. Le robot à la nationalité saoudienne est capable de reconnaitre les déplacements, les gestes et les émotions des hommes. Elle partage leurs mots et offre même des entrevues télévisées. Née en 2015, elle est capable de simuler une communication avec les hommes de manière convaincante et performante. Elle serait de plus en mesure de dessiner le visage d'une personne à main levée.

En produisant ce robot anthropomorphe à des centaines, puis à des milliers d'exemplaires, en la commercialisant à large échelle, celle-ci pourrait être utile pour nos taches du quotidien. Les robots de ce type sont connectés à une seule et même intelligence artificielle qui prend place dans l'informatique en nuage. En imaginant la popularisation de Sophia et sa présence dans les foyers, les comportements humains pourraient être observés et téléchargés en temps réel dans le nuage depuis de nombreux points de l'espace. Au-delà du problème du respect de la vie privée, l'ensemble des robots apprendraient instantanément de tous nos comportements. Chaque Sophia deviendrait une source d'information, qui lui permettrait de mieux comprendre notre comportement et d'enrichir graduellement le niveau de son intelligence. L'effet de masse pourrait contribuer à nous rapprocher de l'objectif ultime. La suite a été envisagée dans de nombreuses œuvres de science-fiction.

Le professeur et grand écrivain Isaac Asimov avait un regard critique vis-à-vis des sciences-fictions offrant une vision dystopique et simpliste menant au contrôle de la machine sur l'humanité[149]. Il indiquait dans la préface du tome 1 du *cycle des robots* : « Si les robots sont si perfectionnés qu'ils peuvent imiter le processus de la pensée humaine, c'est que la nature de ce processus aura été conçue par des ingénieurs humains qui y auront incorporé des dispositifs de sécurité. » C'est précisément dans ce cadre qu'il inventa les célèbres lois de la robotique. Comme un cadre logique, éthique que l'homme aurait fixé et intégré à la machine.

Loi 1 : Un robot ne peut porter atteinte à un être humain ni en restant passif, permettre qu'un être humain soit exposé au danger.

Loi 2 : Un robot doit obéir aux ordres qui lui sont donnés par un être humain, sauf si de tels ordres entrent en conflit avec la première loi.

Loi 3 : Un robot doit protéger son existence tant que cette protection n'entre pas en conflit avec la première ou la deuxième loi.

Que notre avenir soit fait ou non de machines pensantes, la question de la sécurité de nos machines au progrès régulier reste omniprésente. Elle se mesure avec la loi de Moore (Gordon Moore) ou la loi de retour accéléré (Raymond Kurzweil). Deux lois qui rappellent que notre pouvoir est non seulement grandissant, mais semble même s'accélérer depuis quelques années.

Les trois lois d'Asimov ont été adaptées dans le cadre d'un projet de charte éthique des robots en Corée du Sud. Un exemple d'œuvre fictive qui une fois

---

[149] Isaac Asimov, Le cycle des robots, Tome 1, Les robots, 1950.

de plus prend forme dans notre réalité. Si certains robots se rapprochent peu à peu de l'homme, l'homme s'est lui aussi amélioré pour s'offrir une extension des possibles.

CHAPITRE XI
Humanité 2.0 ou Vie 3.0 ?
Où l'homme entrerait dans une nouvelle phase de son histoire.

Le transhumanisme est non seulement un mouvement de pensée, mais il se traduit également par des pratiques visant à renforcer les capacités intellectuelles, physiques et psychologiques des humains. Robocop, Avatar, Terminator ou plus simplement Elizabeth Parrish, la patiente zéro de BioViva nous ont offert des images fortes. L'organisation non gouvernementale internationale, Humanity+ milite pour une exploitation éthique des nouvelles technologies dans le cadre du transhumanisme.

Les drogues qui altèrent l'humeur, des substances qui permettent de favoriser la prise de masse, l'effacement de la mémoire de manière sélective, sont autant d'exemples qui illustrent à quel point les avancées technologiques sont déjà sur le point d'améliorer les espèces, pour soulager ou atténuer son état. Certaines substances de la catégorie des nootropiques sont mentionnés en raison de leurs effets sur les capacités cognitives de l'homme. L'usage de médicaments pour améliorer son état de bien-être sans en avoir le besoin thérapeutique a été mis en évidence par le psychiatre Peter Kramer dans son ouvrage *Listening to Prozac*[150]. Il définit cette pratique par le terme de pharmacologie cosmétique. Il précise que certains humains peuvent rechercher un état supérieur de bien-être naturel avec notamment l'usage des antidépresseurs. Un débat éthique est souligné au sujet de la prise de ces substances sur des patients sains dans le simple but d'améliorer un état de bien-être. La même question se pose pour toutes les substances pouvant

---

[150] Peter Kramer, Prozac, le bonheur sur ordonnance ? - L'enquête d'un médecin sur les nouveaux traitements de la dépression, 1994.

servir à améliorer les performances de mémoire, de créativité, d'attention ou de motivation.

Le futurologue américain Ray Kurzweil, employé par Google en 2012 en tant que directeur technique, décrit dans un rapport sa vision de l'humain sous une version 2.0[151]. Il y prédit pour 2030 une convergence de l'intelligence non biologique avec nos cerveaux biologiques. Il estime que notre capacité intellectuelle et physique sera alors considérablement améliorée.

Dans la même lignée, Max Tegmark, le cosmologiste suédois du MIT présente, dans son ouvrage, *La vie 3.0 Être humain à l'ère de l'intelligence artificielle,* un regard sur l'évolution de la vie. Il décrit trois versions successives. La version 1.0 est biologique. Elle réside dans la capacité de survivre et de se reproduire sans pouvoir se modifier ou s'adapter en temps réel. Il faudra un cycle très lent d'évolution pour passer de cette première forme de vie à la suivante. Dans sa version 2.0, la vie a acquis la possibilité de s'améliorer en modifiant son logiciel au travers de la connaissance, de la langue, de l'apprentissage. Enfin, la dernière forme est capable de faire évoluer son logiciel, mais aussi son corps, ses organes : son support matériel. Elle pourrait changer son enveloppe de manière accélérée sans avoir recours à une évolution darwinienne. Cette forme 3.0 apparait crédible aujourd'hui, car la matière se programme et peut devenir intelligente.

Le sort de l'humanité est-il dans les mains uniques des hommes ? Est-il pensable de considérer un avenir de l'homme comme un *homo deus*, un homme-dieu qui ne saura comment se sauver de lui-même ? Devrons-nous considérer la forme de vie 3.0 comme une forme humaine ou hybride ? Si nous nous posons de plus en plus la question du droit des robots, quels droits pour des hommes améliorés ?

En attendant la certitude ou non d'arriver à une telle forme de vie, Raymond Kurzweil se projette dans un futur qu'il a imaginé et où tout semble possible.

---

[151] Ray Kurzweil, Human Body Version 2.0, 2003.

CHAPITRE XII
S'il survivRay ?
Où un homme pourrait se réveiller dans le futur.

Dans cette quête pour l'immortalité, en dernier recours, Raymon Kurzweil a fait confiance à la fondation Alcor life extension[152]. Il sera aussitôt après sa mort biologique pris en charge par cette entreprise spécialisée en cryonie, vitrifié dans l'azote liquide tout en conservant, tant que possible, l'état de ses cellules grâce à des cryoprotectants. Cet être n'est plus seulement en route vers la mort, mais est persuadé de pouvoir lui survivre. Il est l'un des rares hommes allant vers l'inconnu. Il ne sait si le futur lui offrira une chance de se réveiller ou s'il ne le permettra pas. Il s'est donc offert un billet possiblement gagnant vers une nouvelle vie.

Comment savoir si la science suffira à le refaire vivre ? À quelle échéance et dans quelles conditions ? Une humilité remarquable si les générations futures lui ouvraient à nouveau la porte de la vie. Cet esprit brillant de notre siècle pourrait vite apparaitre comme sous évolué à son réveil.

> Que pourra-t-il voir ?
> Que restera-t-il de notre Terre
> De nos forêts, de notre art et de nos espèces ?
> Des vestiges d'un autre temps
> Des royaumes d'une autre époque
> Un homme, c'est possible.
> Un homme pour constater ce qu'était le passé.

---

[152] Alcor Life Extension Foundation, https://alcor.org

Cet homme espère un jour se réveiller dans le futur. Il pourra relater à l'image d'un pharaon ressuscité, les histoires d'un passé lointain qui est et restera après tout un banal présent. Un présent retracé par un futurologue déphasé.

Au milieu de notre histoire, de cette incertitude, la nature encore une fois semble dépasser la fiction. Nous terminerons donc notre tour d'horizon avec une drôle de fée au pouvoir naturellement magique.

CHAPITRE XIII
Un cas dépasse le paradoxe
Où pour clôturer son chemin, l'auteur pointe à l'envers le paradoxe du temps.

Est-il possible de vivre éternellement ou de revenir de notre état de vieillesse ? La réalité biologique apporte des réponses qui vont au-delà de notre bon sens commun. Sans puiser dans la philosophie ni dans la technologie, l'observation de la vie continue de surprendre. Nous avons croisé des espèces végétales au pouvoir de se figer et si ce n'est d'arrêter le temps, de stopper leur métabolisme. Simples ignorants, nous observons avec plaisir la Rose de Jéricho sans trop vraiment nous inquiéter de comprendre son secret. Selaginella lepidophylla originaire du désert de Chihuahua a développé des facultés extraordinaires nécessaires à sa survie. Cette boule desséchée peut reprendre vie au contact de l'eau. Elle résiste à plusieurs années de sécheresse, ne pesant pas plus que 3 % de sa masse habituelle. Elle se fige dans un état de cryptobiose et peut attendre des mois et des années avant de se réveiller. Les organismes extrémophiles semblent déroger parfois aux principes qui sont essentiels à la vie. Est-ce un message du chemin que nous devons suivre ? Faut-il y voir un message caché ?

Une légende indoue pousse à la réflexion. Elle relate une époque où l'ensemble des hommes étaient alors des dieux. Abusant comme il est souvent coutume de ce pouvoir, le dieu créateur-démiurge de l'indouisme Brahmā prit la décision de retirer ce don suprême aux hommes. Il envisage de le cacher pour le rendre inaccessible. Un échange a lieu pour définir un endroit sûr où placer le précieux trésor.

La discussion commence ainsi :

– Enterrons la divinité de l'homme dans la terre (*notre histoire ?*).
Mais Brahmā répondit :
– Non, cela ne suffit pas, car l'homme creusera et la trouvera.
Alors les dieux répliquèrent :
– Dans ce cas, jetons la divinité dans le plus profond des océans (*la vie ?*).
Mais Brahmā répondit à nouveau :
– Non, car tôt ou tard, l'homme explorera les profondeurs de tous les océans, et il est certain qu'un jour, il la trouvera et la remontera à la surface.
Alors les dieux mineurs conclurent :
– Nous ne savons pas où la cacher, car il ne semble pas exister sur terre ou dans la mer d'endroit que l'homme ne puisse atteindre un jour.
Alors Brahmā dit :
– Voici ce que nous ferons de la divinité de l'homme : nous la cacherons au plus profond de lui-même, car c'est le seul endroit où il ne pensera jamais à chercher (*la conscience ?*).

Homo sapiens a creusé la terre. Il a découvert que la terre avait une histoire. Elle portait même des vestiges de sa propre histoire au travers des fossiles. Il a exploré le fond des océans. Il a découvert que la vie y était certainement née. Il a ouvert son crâne, au plus profond de lui-même, que découvrira-t-il ? Il semble avoir trouvé cet endroit mais n'a pas encore découvert tous ses secrets.

La nature, la vie, les mythes apportent des exemples déroutants. L'homme pourrait-il contrôler le temps comme il a appris successivement à le faire avec la matière, les autres hommes, la vie et une partie infime de l'espace ? Il a le pouvoir de changer son environnement, d'impacter sur lui. Si l'acte n'est pas glorieux, il est pour la première fois capable de changer une mécanique complexe et spécifique. Il aura réussi à trouer la couche d'ozone et à percer ainsi une partie de son destin. Ses actes font évoluer et se précipiter le temps. Les progrès s'accélèrent. Des progrès qui nous font gagner de l'espérance de vivre. Ils pourraient finalement nous faire perdre notre destin. Que peut faire l'homme de ce temps qui coule et qui lui glisse entre les mains. Peut-il le ralentir ? Il semble exister en dehors de tout et être à l'origine du tout. Ses actions s'inscrivent et se perdent dans le temps.

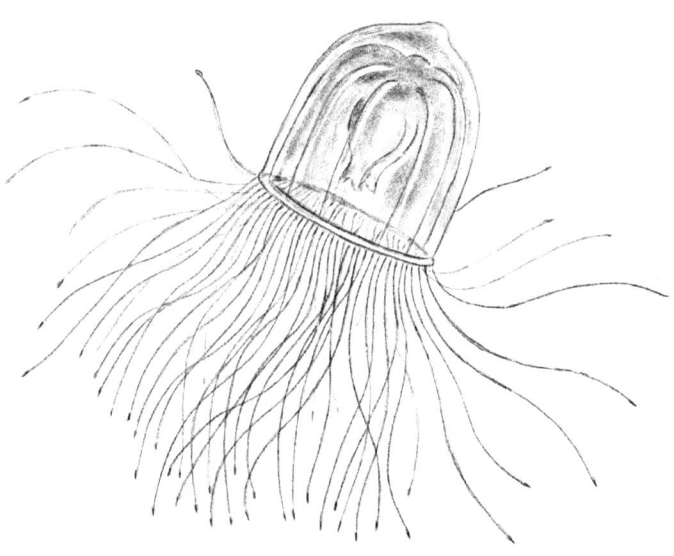

Figure 26 : Turritopsis nutricula est une méduse de la classe des hydrozoaires qui ne mesure pas plus de 4 à 5 millimètres.

Stephen Hawking n'avait pas totalement abandonné la possibilité théorique de voyager dans le temps. Après tout, nous voyageons tous en permanence dans ce temps. Ce voyage nous ait offert par la vie. Il est vrai que nous nous baignons dans ce présent mouvant. Un voyage qui compte chaque seconde, chaque minute, chaque heure et chaque jour. Nous y fêtons des prénoms, des anniversaires et des histoires de grands hommes. Nous choisissons tout de ce voyage si ce n'est le moment d'y entrer, d'en repartir et le sens de ce dernier. L'espace nous laisse libres, le temps impose sa direction. Si des boucles temporelles offrent des pistes pour remonter le temps, elles ne semblent pas accomplir parfaitement leur mission. Nous nous baignerons dans un vieux temps depuis un nouveau bien différent. Remonter notre chemin semble alors contredire notre ambition. Il ne reste à l'homme aucun espoir de changer ce destin impalpable du futur.

Finalement, on s'en remettra au physicien et philosophe Étienne Klein qui suggère de ne pas confondre réversibilité du temps avec réversibilité des processus physiques. Nous nous contenterons de rendre réversibles certains processus. Rendre la peau plus jeune, rallonger nos télomères.

Un petit être a poussé le vice au maximum. Il peut repasser plusieurs fois par sa jeunesse. Si les scientifiques, poètes et artistes l'avaient imaginé, Turritopsis nutricula l'a fait (Figure 26).

CHAPITRE XIV
Turritopsis nutricula la fée
Où une méduse a la tête à l'envers.

La vie dépasse parfois le paradoxe du temps
Une méduse unique à ce talent naturel
Cet hydrozoaire détient le pouvoir
Elle redevient jeune polype
Elle remonte l'horloge
C'est un métazoaire peu ordinaire
Dont le cycle de la vie tourne toujours
Turritopsis nutricula peut encore rajeunir
Détenant le secret d'immortalité biologique
Elle ne meurt finalement que par le tragique
Regardant devant elle, elle remonte le temps
Face au danger, elle remonte le temps
Elle ignore ce qu'elle fait ici
Le paradoxe du temps
Elle le connait

Les hommes n'ont pas tous cherché à devenir éternels ou immortels. La plupart ont fait le choix le plus heureux et raisonnable qui soit, ils se sont contentés de vivre. En descendant le fil de l'histoire, de nombreuses cultures et personnages se sont lancés dans une quête impossible et semblable à une forme d'immortalité. C'est cette force de vouloir surexister la vie qui a permis la réalisation d'édifices remarquables. C'est l'œuvre de nombreux artistes, politiques et scientifiques de vouloir dépasser les limites, celles d'une règle du jeu non choisie, pourtant bien celles qui nous apprennent à vivre. Si penser la mort est une manière d'apprendre à vivre, Montaigne nous apprend que philosopher c'est apprendre à mourir. En tentant de dépasser les limites offertes à lui, l'homme se transcende en art et en science. Il se dépasse dans le temps et dans l'espace. Il s'offre des voyages inatteignables avec des bateaux, des voitures, des radeaux, des trains, des fusées ou des mots, des pensées, de l'art, du numérique, des *likes* et des égoportraits.

Il s'offre une mémoire qui au-delà de la sienne lui permet de subsister furtivement dans celle des autres. C'est peut-être en tentant de dépasser une nouvelle fois nos limites que nous découvrirons ou créerons un édifice remarquable. S'il ne nous permet pas d'atteindre l'objectif, il pourra nous apprendre de nouvelles leçons. Celles offertes par la nature, par nos savoirs et par la richesse de notre intelligence. Décidément, le grand livre de la nature n'est pas près de se refermer.

Résumé de la section

La science et la technologie nous offrent un nouveau pouvoir pour lutter contre notre destinée. Le mythe d'Elizabeth nous a montré à quel point le génie biologique peut permettre de renverser les effets du temps, les effets de l'âge. Entre réalité et fiction, nous ne savons pourtant pas où positionner l'avenir de l'homme. Le rêve des géants est de faire reculer, voire d'anéantir la vieillesse. Ils investissent dans cette chimère qui offre à la fois des signes d'espoir et de crainte.

Nous pouvons imaginer survivre un peu aux effets de notre mort. Laisser des messages pour dire adieu au-delà de l'au-delà. Les voix s'élèvent dans le temps comme pour garder une empreinte dans la réalité qui nous est disparue et les interfaces entre la technologie et le cerveau sont en cours.

Sera-t-on capable de digitaliser le cerveau ou plus simplement de le synthétiser, de le dupliquer ? Serons-nous en mesure de construire des jumeaux numériques, des clones artificiels ? La situation pose de nombreuses questions éthiques, morales et philosophiques.

Qu'en sera-t-il de l'avenir de l'homme et de son humanité : héros de sa vie, héros de sa mort ? Qu'en sera-t-il d'une intelligence artificielle générale capable de nous dépasser ? Pour croire en cette immortalité à ce moment précis de l'humanité où nous sommes en doute, certains ont fait le choix de la cryogénie. Ce choix est un espoir, mais également une croyance en une réalité future.

La nature nous a appris que certains effets du temps sont réversibles. Elle ne nous a cependant pas appris quelle philosophie sera nécessaire pour maintenir le bonheur dans ces conditions.

Avec ou sans immortalité, le temps peut ressembler à des gorgées d'eau sèche. Avec ou sans immortalité, chaque goutte de temps peut vous offrir un parfum de paradis.

Conclusion

Pendant des millénaires, l'homme a cherché à comprendre la nature, l'univers, à exploiter sa faculté de création et de réflexion. Il n'aura cessé de concevoir des outils et des sciences toujours plus efficaces. Le message qui lui est offert dans la nature pourrait nous laisser croire qu'il a découvert son secret et sa part dangereuse de responsabilité. Une responsabilité qui va au-delà de lui. Son génie, sa créativité, ses croyances lui ont récemment ouvert les portes de ce qu'il est. Au plus profond ? Au-delà ou en deçà de ses espérances, les neurosciences, la biologie, la technologie offrent un possible secret mécanique, numérique, chimique de l'homme au-dessus des hommes.

Les frontières séparant en apparence les sciences, l'art, la philosophie, le réel et sa représentation se sont peu à peu effacées. Léonard de Vinci voyait l'existence de l'objet sans en concevoir de limites. Il disait avec génie : « Les limites extérieures de l'objet n'appartiennent nullement à l'objet, car la fin d'une chose est le commencement d'une autre. Les limites n'occupent aucune place. » À l'image du *sfumato,* il est difficile de définir les limites de l'homme de demain, du post humain. Celui d'aujourd'hui nous a tellement surpris.

Nous avons lu les briques essentielles de la vie et les processus de création, de division, de reproduction. Si nous n'avons pas encore trouvé le secret des dieux, nous avons bel et bien créé la vie artificiellement, sans héritage. Un pouvoir qui a même permis de faire renaître une espèce éteinte. Loin de la science-fiction, dans nos laboratoires, l'improbable a bel et bien déjà eu lieu. Le bouquetin des Pyrénées est disparu en 1999, en même temps que la dernière représentante de son espèce dénommée Célia. L'homme allait réécrire sa destinée tragique en 2009 après des années de tentatives. Un clone est né grâce à des tissus prélevés à l'époque. La tâche s'est avérée d'une complexité remarquable. Un seul clone a vu le jour sur plusieurs centaines d'embryons. Une espèce disparue voyait à nouveau le jour. L'homme n'écrivait plus son histoire et sa destinée, mais réécrivait celle d'une sous-espèce éteinte. Quelques minutes historiques et uniques avant que ce clone ne soit rappelé à la mort par un défaut pulmonaire[153]. Un rappel du jeu dangereux auquel nous nous sommes attachés.

Remonter le temps semble encore inaccessible, remonter le fil de nos erreurs est possible. Malgré toute la poésie du monde, il semble tout de même interdit d'être cette heure arrêtée au cadran de la montre.

Pourtant, à force de tout guérir, il est possible que notre fragilité puisse passer et disparaitre. Si un homme immortel s'annonce un jour, que deviendront nos mots d'autrefois. À une heure éternelle, prends soin de toi devient dérisoire. Le temps disparait et le voilà reparti dans l'inconnu, dans l'éternité. Ne prends pas froid n'aurait pas plus de sens en l'absence de fragilité. Ne perdrons-nous pas notre force et notre sens ? Je t'aime garde-t-il un poids dans l'immortalité ? Des millénaires d'histoires de nos couples maudits ont compté cette épopée romantique, romanesque. L'amour éternel de Tristan et Iseut, de Paul et Virginie, mais aussi de Orphée et Eurydice n'en sont que quelques exemples au milieu de tant d'autres dont le destin s'écrit miraculeusement chaque jour. Louis Aragon nous disait qu'il y aura toujours un couple frémissant pour qui ce matin là sera l'aube première. De son vivant, l'amour se consume et se fragilise. Il prend tout son sens dans l'éternité, séparé par la mort. Il devient intouchable et mémorable.

À la fin de ce parcours, un peu sonné, de retour sur Terre, de retour chez moi, j'observe le paysage familier de mon jardin. Celui qui a bercé mon enfance. J'y retrouve les mêmes formes, le même bassin, les mêmes arbres et une nature épanouie. Une nature qui a évolué paisiblement, dans un secret presque silencieux. Loin de l'effervescence de ma vie, loin de l'effervescence de nos vies et loin de mon regard. Après une telle traversée dans le monde technologique et tant de découvertes qui paraissent surnaturelles, je me sens

---

[153] J. Folch *et al.*, First birth of an animal from an extinct subspecies (Capra pyrenaica pyrenaica) by cloning, Theriogenology, vol. 71, n° 6, 2009.

presque mal à l'aise de lui faire à nouveau face. Depuis nos dernières décennies, tant de chemin a été fait et sur tant de sujets. Nous percevons les prémices de la nature digitale de l'homme. Cette nature habituellement si apte à l'adaptation ne semble pourtant pas au courant de ce qui se trame. Qu'a-t-elle prévu ? Pourrait-elle anticiper le pouvoir presque démesuré qui s'apprête à entrer dans les mains de l'homme ? La sélection naturelle semble si lente et si peu face à un homme qui court avec frénésie. Face à cela, je la sens fragile et d'un autre temps, d'une autre époque. Je me sens moi aussi déjà d'un autre temps, d'une autre époque. En écoutant les oiseaux chanter, je m'inquiète pour ce bout de jardin. Ce havre de paix pourrait-il s'offrir une forme de vie éternelle ? Sera-t-il sauvé ou détruit par les outils de l'homme ? Au-delà de le conserver dans mes souvenirs, j'aimerais tellement pouvoir croire que ce bout de Terre à l'image de tant d'autres sera sauvé par un miracle à la hauteur de celui qui les a rendus possibles. J'aime à penser que le savoir n'est pas (qu') une arme, et que la technologie n'est pas nocive. Et pourtant je doute. J'ai cette inquiétude. J'ai peur pour ce petit coin de jardin de mon enfance.

Si aux yeux des hommes, la nature peut paraître cruelle, aux yeux de la nature, l'homme l'est également. Dans cet ouvrage, nous avons gardé la beauté de la nature et la cruauté de l'homme. Le choix inverse aurait été possible. Toutefois, il n'aurait pu être l'occasion de mettre *homo sapiens* face à son destin. Gardons dans nos mains les responsabilités qui y sont. Faisons, notre procès comme un homme responsable et non comme un homme animal. Pour se sublimer, sans tomber dans nos travers de possession, de pouvoir et de contrôle. Élevons-nous pour mieux retrouver notre place anecdotique dans la nature et l'univers. Nous ne pouvons pas plus naturellement dénaturer l'humanité qu'humainement dénaturer la nature.

Face à ces inquiétudes, à ces possibilités, et pour nous offrir une porte de sortie, nous avons plus que jamais besoin de philosophie. Si le génie génétique avait déjà précipité cet impératif (par exemple Jacques Monod en 1973), l'intelligence artificielle, la biologie de synthèse le rend encore plus urgent et concret. C'est peut-être elle qui sera l'essence ultime pour faire avancer nos machines, pour coder notre morale. Une philosophie en lien avec un humanisme numérique.

Si l'homme n'a eu de cesse de penser l'homme et plus récemment la machine, il doit désormais penser la machine dans son humanité.

Table Des Matières

PRÉFACE 7

PRÉAMBULE 11

INTRODUCTION 15

LE TEMPS PASSE, LE SAVOIR PERDURE 23

CHAPITRE PREMIER 25
LE PARADOXE DU TEMPS ET DE L'INSTABILITÉ 25
CHAPITRE II 29
TRAVERSER LE TEMPS COMME D'AUTRES TRAVERSENT L'ESPACE 29
CHAPITRE III 35
MÉTAPHORES SPIRITUELLES 35
CHAPITRE IV 41
DE NOS MONDES BIEN FRAGILES 41
CHAPITRE V 47
UN APPARENT DÉSORDRE QUI CACHE UN ORDRE 47
CHAPITRE VI 51
DU DÉSORDRE ET DES ERREURS AUX POUVOIRS CRÉATEURS 51
CHAPITRE VII 61
UN MOT POUR CONSTRUIRE TOUT UN MONDE 61
CHAPITRE VIII 65
UNE LANGUE QUI PERD SES MOTS 65
CHAPITRE IX 69
UNE LANGUE QUI GAGNE DES MOTS 69
CHAPITRE X 73
UN ÉTRANGE POUVOIR ÉMERGE DU LANGAGE 73
CHAPITRE XI 75
RETOUR AU-DELÀ DU TEMPS ET DE L'ESPACE 75
CHAPITRE XII 79
L'HUMANITÉ D'IMAGES EN MOTS 79
CHAPITRE XIII 85
UNE ARCHE DU SAVOIR 85
CHAPITRE XIV 89
LA DONNÉE NOUS SURVIVRA 89
CHAPITRE XV 93
D'ALEXANDRIE À UN TIMBRE-POSTE 93

CHAPITRE XVI 97
DE CE QUE NOUS NE SAVONS
PAS 97
CHAPITRE XVII 101
COMMENT PLACER LE DIGITAL
DANS CES IMAGES DU SAVOIR ?
101
RÉSUMÉ DE LA SECTION 105

LES NOUVEAUX ARTISTES 107

CHAPITRE PREMIER 109
UN SOLEIL IMMUABLE 109
CHAPITRE II 113
PENSER LA CRÉATION HORS DU
CADRE 113
CHAPITRE III 119
LE COUP 36 119
CHAPITRE IV 125
LE DEEP BLUES DE LA MUSIQUE
125
CHAPITRE V 129
UNE ÉCRITURE QUI SE LIE À CE
QUE NOUS SOMMES 129
CHAPITRE VI 133
UNE TOILE PAR ALGORITHME
133
CHAPITRE VII 137
CAPTER UN STYLE 137
CHAPITRE VIII 143
DES ŒUVRES SANS SUPPORTS 143
CHAPITRE IX 145
QUAND LA NATURE DICTE SON
ART 145

CHAPITRE X 149
LES BIO ARTISTES 149
CHAPITRE XI 151
UNE POÉSIE RÉCITÉE PAR
NATURE 151
CHAPITRE XII 157
UN ART VIVANT POUR
RÉINVENTER NOTRE RÔLE 157
CHAPITRE XIII 161
DE L'ART À LA NATURE 161
RÉSUMÉ DE LA SECTION 163

DE LA NATURE NUMÉRIQUE ET ORGANIQUE 165

CHAPITRE PREMIER 167
UNE MERVEILLE 167
CHAPITRE II 173
MERVEILLES CACHÉES DE LA
PLANÈTE 173
CHAPITRE III 177
UNE LEÇON D'ESTHÉTIQUE
TOUTE NATURELLE 177
CHAPITRE IV 183
UNE NATURE AUX ALLURES DE
VÉRITÉ 183
CHAPITRE V 187
UNE CRÉATURE À PART, UN
CRÉATEUR À PART 187
CHAPITRE VI 191
LA TECHNOLOGIE COMME
EXTENSION DE L'HOMME 191
CHAPITRE VII 195
UN FUTUR PARADOXAL 195

CHAPITRE VIII 199
DE L'EXTINCTION POSSIBLE 199
CHAPITRE IX 203
DE L'ORGANIQUE AU DIGITAL
203
CHAPITRE X 209
QUEL AVENIR POUR NOS
ESPÈCES ? 209
CHAPITRE XI 213
UNE SYMBIOSE PERSONNE-
MACHINE 213
RÉSUMÉ DE LA SECTION 217

QUAND VIENDRA LA FIN,
LA MORT S'EN IRA   219

CHAPITRE PREMIER 221
LE MYTHE D'ELIZABETH 221
CHAPITRE II 223
LE DOUBLE TRAITEMENT 223
CHAPITRE III 225
QUAND LA RÉALITÉ DÉPASSE LA
FICTION 225
CHAPITRE IV 229
UN RÊVE DE GÉANT 229
CHAPITRE V 233
MON DERNIER MESSAGE 233
CHAPITRE VI 235
UNE VOIX QUI DÉFIE LE TEMPS
235

CHAPITRE VII 239
LE JUMEAU NUMÉRIQUE 239
CHAPITRE VIII 241
UNE TÊTE BIEN CÂBLÉE 241
CHAPITRE IX 247
DIGITALISER LE CERVEAU, PUIS
L'HUMAIN 247
CHAPITRE X 253
N'OUBLIONS PAS LES
HUMANOÏDES 253
CHAPITRE XI 257
HUMANITÉ 2.0 OU VIE 3.0 ? 257
CHAPITRE XII 259
S'IL SURVIVRAY ? 259
CHAPITRE XIII 261
UN CAS DÉPASSE LE PARADOXE
261
CHAPITRE XIV 265
TURRITOPSIS NUTRICULA LA FÉE
265
RÉSUMÉ DE LA SECTION 267

CONCLUSION   269

TABLE DES MATIÈRES   273

ILLUSTRATIONS   277

INDEX DES NOMS   279

Illustrations

FIGURE 1 : ŒUVRE DE HEINRICH FRIEDRICH FÜGER « PROMÉTHÉE FAIT PRÉSENT DU FEU À L'HUMANITÉ », 1817.. 17
FIGURE 2 : LE 9 DÉCEMBRE 2018, IMAGE CAPTURÉE PAR L'INSTRUMENT VIIRS DE LA NOAA-20 QUI BALAYE LA TERRE DEUX FOIS PAR JOUR À UNE RÉSOLUTION DE 750 MÈTRES. CRÉDIT NOAA. 30
FIGURE 3 : REPRÉSENTATION DE QUELQUES CONSTELLATIONS DE LA SPHÈRE CÉLESTE. 37
FIGURE 4 : ILLUSTRATION DE L'IMPACT DU BRUIT SUR LA RECONNAISSANCE D'UN ANIMAL SUR UNE IMAGE.. 56
FIGURE 5 : ILLUSTRATION DU PROCÉDÉ D'ÉPISSAGE QUI PERMET LA SUPPRESSION DES INTRONS. 58
FIGURE 6 : UNE NOUVELLE GÉNÉRATION DE GLYPHES A VU LE JOUR. UNE ŒUVRE DE L'ARTISTE VLADIMIR ABIKH REPRÉSENTANT L'ÉVOLUTION. 71
FIGURE 7 : PHOTOGRAPHIE DITE « UN POINT BLEU PÂLE » REPRÉSENTANT LA TERRE ET OBTENUE DE L'ESPACE PAR VOYAGER 1 LE 14 FÉVRIER 1990....... 76
FIGURE 8 : IMAGE DU DISQUE DE VOYAGER. IL CONTIENT DES INSTRUCTIONS PRÉCIEUSES NÉCESSAIRES À SA LECTURE. 82
FIGURE 9 : LE TARDIGRADE EST UNE ESPÈCE EXTRÉMOPHILE................................. 87
FIGURE 10 : PROCESSUS D'ÉCRITURE ET DE LECTURE D'UN CONTENU NUMÉRIQUE SUR UN SUPPORT ORGANIQUE : L'ADN. 90
FIGURE 11 : REPRÉSENTATION DE ATHON ET DE SES RAYONS SOLAIRES QUI SE TERMINENT PAR DES MAINS.. 110
FIGURE 12 : L'IMAGE HUBBLE LEGACY FIELD REPRÉSENTE UNE TOUTE PETITE PORTION DE L'ESPACE OBSERVÉE PENDANT PLUS DE 16 ANS PAR LE TÉLESCOPE SPATIAL HUBBLE. CETTE IMAGE REMONTE LE TEMPS DE 13 MILLIARDS D'ANNÉES... 116
FIGURE 13 : COUP 36, L'ŒUVRE DE EDUARDO KAC... 121
FIGURE 14 : TOILE PRODUITE PAR L'INTELLIGENCE ARTIFICIELLE DÉNOMMÉE : EDMOND DE BELAMY. CETTE ŒUVRE S'INSPIRE DE PLUS DE 15 000 PORTRAITS CLASSIQUES DU XVÈME AU XIXÈME SIÈCLE. 134

Figure 15 : Image inceptioniste produite par le logiciel Deep Dream. 136
Figure 16 : Œuvre réalisée par une intelligence artificielle ayant appris du style de Rembrandt. 140
Figure 17 : Représentation visuelle du signal d'Arecibo, le message radio envoyé dans l'espace en 1974. 147
Figure 18 : L'ile dite de spinning island en Argentine. 174
Figure 19 : Illustration de la présence des nombres de la suite de Fibonacci dans la nature. Une image qui illustre la structure très ordonnée qui caractérise le vivant. 178
Figure 20 : Représentation mathématique et géométrique de la proportion parfaite. 179
Figure 21 : Pin de Bristlecone Mathusalem. 184
Figure 22 : Conférence d'Apple WWDC en 2018 sur le design des interfaces. 192
Figure 23 : Réinterprétation du « Paysage des compétences humaines » de Hans Moravec. 196
Figure 24 : Exemple d'animal cyborg. 204
Figure 25 : Image représentant in vivo la connexion de certaines zones du cerveau d'un rat à un ordinateur par une connectique USB-C. 243
Figure 26 : Turritopsis nutricula est une méduse de la classe des hydrozoaires qui ne mesure pas plus de 4 à 5 millimètres. 263

Index des Noms

Cet index des noms comporte des personnages réels, mythologiques mais également des personnages fictifs ou mêmes artificiels. Il est à l'image de notre nouvelle réalité.

A

Akhénaton	110
Alan Turing	66, 125
Albert Einstein	35, 48, 98
Albert-László Barabási	48
Alois Alzheimer	249
AlphaGo	121
Alphonse de Lamartine	161
Amérigo Vespucci	36
Amon-Rê	35
André Comte-Sponville	60, 65, 102
Andromède	81
Antoine de Saint-Exupéry	45
Antoine Lavoisier	150
Aristote	93, 97, 140
Aton	110

B

Bernard Courtois	53
Bernard de Jussieu	183
Bernard J. Baars	240
Bernhard Riemann	43
Bill Gates	54
Brahmā	261
BrainNet	245

C

Calliopé	152
Carl Sagan	75, 80
Carol W. Greider	225
Cerbère	152
Chaos	47
Charles Darwin	44, 168
Chateaubriand	141
Christian Bök	152
Christophe Colomb	53, 88
Christopher Nolan	135
Chronos	45
Claude Shannon	99
Clippy	235
Craig Venter	216

D

Dalton	97
Daniel Kahneman	26
Dante	69
David Farrier	154
David Hanson	253
Dédale	37
Deep Blue	126

Deep Dream	135
Deep Mind	54
Démétrios de Phalère	93
Demis Hassabis	16, 200
Démocrite	53, 97
Denis Diderot	52
Dionysos	20
Dmitry Itskov	251
Donna Haraway	205
Douglas Richard Hofstadter	147

E

Edgar Morin	38
Edmond de Belamy	134
Eduardo Kac	120
Eliza	129
Elizabeth H. Blackburn	225
Elizabeth Parrish	225, 257
Elon Musk	86, 230
Emmanuel Kant	43
Épicure	229
Ernest Rutherford	97
Erwin Chargaff	80
Erwin Schrödinger	97
Éther	44
Étienne Klein	264
Euclide	179
Eurydice	152, 184
Evangelista Torricelli	51

F

Francis Crick	81
François Jacob	215
François Mauriac	114
François-René de Chateaubriand	95
Frank Drake	79
Frank Wilczek	188
Franz Schubert	73
Frédéric Chopin	127

Friedrich Gauss	55
Friedrich Nietzsche	171

G

Galilée	60
Garrett Kenyon	250
Garry Kasparov	119
Gaston Bachelard	60
George Church	90, 231
Gordon Moore	254
Gottfried Wilhelm Leibniz	145

H

Hans Moravec	195
Hâpy	42
Hegel	117
Henri Atlan	47, 58
Henri Becquerel	53
Henri Bergson	61
Henri Frei	65
Henri Poincaré	44
Héphaïstos	38
Héraclite	27
Herbert Marshall McLuhan	18, 69
Hercule	35, 37
Hermann Rorschach	135
Hevelius	37
Hirotaka Sato	205
Houtman	37

I

Isaac Asimov	254
Isaac Newton	81

J

Jack W. Szostak	225
Jacques Monod	53, 271
James Dewey Watson	81
Janine Benyus	213

Jason 37
Jay Wilbur 174
Jean d'Ormesson 99, 114
Jean Le Rond d'Alembert 52
Jean Rostand 206
Jean-Sébastien Bach 138
Jeff Bezos 230
Jeff Clune 135
Jen Keane 150
Jimmy Carter 79
John Fitzgerald Kennedy 236
John Searle 66
Jörg Schäffer 145
Joseph Weissenbaum 129

K

Katherine Hayles 206
Keyser 37
Khalil Gibran 96
Kurt Gödel 35

L

Larry Page 231
Lee Sedol 121
Léonard de Vinci 51, 109, 138, 269
Léonardo Fibonacci 178
Leucippe 97
Lilmiquela 38
Louis Aragon 53, 73, 109, 140, 161, 222, 270
Luc Ferry 187
Luca Pacioli 181
Lucrèce 41
Ludwig Van Beethoven 127

M

Marcel Proust 140
Marie François Xavier Bichat 230
Martin Heidegger 229
Max Planck 99
Max Tegmark 258
Médée 37
Michael Faraday 97
Michel Serres 168
Michelis Enrico 41
Michio Kaku 245
Midas 20
Milad Doueihi 18, 38, 58

N

Nancy Katherine Hayles 19
Nicolas Schöffer 107
Nicolas-Louis La Caille 37
Nova Spivack 85

O

Œagre 152
Orphée 152, 184
Oscar Wilde 252
Osiris 42
Oswald Theodore Avery 81

P

Pactole 20
Pan 43
Pandora 38
Paul Valérie 130
Pégase 36
Personality Insight 129
Peter Kramer 257
Peter Thiel 230
Peter Ware Higgs 35
Phidias 179
Philippe Marlière 210
Pierre de Ronsard 161
Pierre-Simon Laplace 122
Plancius 37
Platon 101, 140, 253

Prométhée	16
Ptolémée	36
Pyrrhon d'Élis	57
Pythagore	48, 103

R

Raphaël Girard	42
Raymond Kurzweil	254, 258
Rê	229
Rembrandt	102
René Char	62
René Descartes	59, 167
Rico Malvar	16
Roey Tzezana	219
Roger Penrose	98
Roman Ossipovitch Jakobson	62
Ron Augustus	139
Ronald Burt	58
Rosalind Franklin	80

S

Saint Augustin	43
Serge Tisseron	194
Sergio Neuspiller	174
Seth Shipman	90
Shiva	35
Sophia	253, 254
Spinoza	59
Stan Franklin	240
Stelios Arcadiou	115
Stephen Hawking	53, 74, 88, 95, 99, 137
Sundar Pichai	16

Suzanne Lee	150

T

Teilhard de Chardin	69
Theodore Roosevelt	54
Théodosius Dobzhansky	169
Thomas Edison	236
Thomas J. Watson	129
Thomas Young	200
Tim Bray	101
Tite-Live	95

V

Vallaux Camille	29
Vernor Vinge	69
Victor Hugo	151
Vincent Van Gogh	136
Vladimir Abikh	71

W

Werner Karl Heisenberg	97
William Dalrymple	32
William James Durant	206
William Labov	65
William Shakespeare	150, 230
Wolfgang Amadeus Mozart	127

Y

Yijing Watkins	250
Yuri Milner	88

Z

Zeus	16, 35

Nature numérique de l'homme

www.ingramcontent.com/pod-product-compliance
Lightning Source LLC
Chambersburg PA
CBHW052343220526

45465CB00003BA/937